AYMANS – MÖRSDORF – MÜLLER
KANONISCHES RECHT

D1730411

AYMANS – MÖRSDORF – MÜLLER

KANONISCHES RECHT

LEHRBUCH AUFGRUND DES CODEX IURIS CANONICI

Begründet von Eduard Eichmann,
fortgeführt von Klaus Mörsdorf,
neu bearbeitet von Winfried Aymans und Ludger Müller

Ergänzungsband

LUDGER MÜLLER

DAS KIRCHLICHE EHENICHTIGKEITSVERFAHREN

NACH DER REFORM VON 2015

2017

FERDINAND SCHÖNINGH

Bibliografische Information der Deutschen Nationalbibliothek

Die Deutsche Nationalbibliothek verzeichnet diese Publikation in der
Deutschen Nationalbibliografie; detaillierte bibliografische Daten sind im Internet
über http://dnb.d-nb.de abrufbar.

Umschlag: INNOVA-Agentur Graphik & D*sign, Borchen

© 2017 Ferdinand Schöningh, Paderborn
(Verlag Ferdinand Schöningh GmbH & Co. KG, Jühenplatz 1,
D-33098 Paderborn)

Internet: www.schoeningh.de

Für den lateinischen Text des CIC: © 1983, 2015 Libreria Editrice Vaticana,
Città del Vaticano

Printed in Germany.
Herstellung: Ferdinand Schöningh GmbH & Co. KG, Paderborn

ISBN 978-3-506-78597-8

Vorwort

„Drei berichtigende Worte des Gesetzgebers, und ganze Bibliotheken werden zu Makulatur ... drei vervollständigende Worte des Gesetzgebers ... und alle jene Arbeiten, trotz ihres hohen wissenschaftlichen Wertes, sieht niemand mehr an."[1] Diese Sätze aus einem Vortrag des Berliner Juristen Julius von Kirchmann aus dem Jahr 1848 beschreiben gelegentlich auch die Situation des Kanonisten. Im Jahr 2015 hat Papst Franziskus mehr als nur drei Worte in das kirchliche Gesetzbuch eingefügt; er hat das gesamte Ehenichtigkeitsverfahren neu geordnet, so daß auch die wissenschaftliche Behandlung dieser Materie, wie sie vom Unterzeichneten im vierten Band des Lehrbuchs von Aymans – Mörsdorf – Müller im Jahr 2013 vorgelegt worden ist, neu gefaßt werden muß. Angesichts der praktischen Bedeutung dieses Gegenstandsbereichs soll dies in dieser kleinen Publikation als Ergänzungsband zum Lehrbuch von Aymans – Mörsdorf – Müller „Kanonisches Recht" geschehen, noch bevor an eine Neuauflage des ganzen Lehrbuchs gedacht werden kann.

Gedankt sei dem Schöningh-Verlag für die Möglichkeit, dieses Projekt zu verwirklichen, und seinen Mitarbeitern für ihre professionelle Begleitung und das immer große Verständnis für den Autor; ein besonderer Dank gilt den Mitarbeitern des Instituts für Kirchenrecht in Wien, vor allem Herrn Dr. Klaus Zeller, für alle Anregungen und alle Hilfe beim Lesen der Korrekturen und der Erstellung der Register. Gedankt sei auch der Libreria Editrice Vaticana für die unkomplizierte und prompte Erteilung der Druckerlaubnis für die lateinischen Texte des CIC.

Wien, den 15. August 2016   Ludger Müller

---

[1] Julius von Kirchmann, *Die Wertlosigkeit der Jurisprudenz als Wissenschaft. Ein Vortrag gehalten in der Juristischen Gesellschaft zu Berlin 1848,* Berlin 1848, 24 f. (Nachdruck: Darmstadt 1973 [Sonderausgabe 2012], [Libelli XXXIV], 25).

INHALTSÜBERSICHT

ABKÜRZUNGEN

AAS = Acta Apostolicae Sedis
AfkKR = Archiv für katholisches Kirchenrecht
AIC = Adnotationes in Ius Canonicum
Anm. = Anmerkung
Art. = Artikel

bes. = besonders
BzMK = Beihefte zum Münsterischen Kommentar
bzw. = beziehungsweise

c./cc. = canon/canones (geltendes Recht)
can./cann. = canon/canones
CCEO = Codex Canonum Ecclesiarum Orientalium
CIC = Codex Iuris Canonici

DC = Pontificium Consilium de legum textibus, Instruktion „Dignitas Connubii"
ders. = derselbe
d. h. = das heißt
DiKa = Dissertationen, Kanonistische Reihe
DPM = De Processibus Matrimonialibus

ebd. = ebenda

FS = Festschrift

hrsg. = herausgegeben

i. d. F. = in der Fassung von
i. V. m. = in Verbindung mit

KanR = W. Aymans – K. Mörsdorf (– L. Müller), Kanonisches Recht

KStuT = Kanonistische Studien und Texte

Lb = Klaus Mörsdorf, Lehrbuch des Kirchenrechts
LG = II. Vatikanisches Konzil, Dogmatische Konstitution „Lumen gentium"
LThK = Lexikon für Theologie und Kirche

MP = Motu Proprio
MünstKomm = Münsterischer Kommentar zum Codex Iuris Canonici
MthSt.Kan. = Münchener Theologische Studien, Kanonistische Abteilung

n. = numerus (numero)
Nr. = Nummer

ÖAKR = Österreichisches Archiv für Kirchenrecht

PastBon = Papst Johannes Paul II., Apostolische Konstitution „Pastor Bonus"
PCI = Pontificia Commissio Codici Iuris Canonici authentice interpretando
Periodica = Periodica de re morali canonica liturgica (seit 1905), Periodica de re canonica (seit 1990)

RNr. = Randnummer

S. = Seite

u. a. = und andere/unter anderem

u. U. = unter Umständen   z. B. = zum Beispiel

                                 z. T. = zum Teil

v. a. = vor allem

vgl. = vergleiche

EINLEITUNG

Schon kurze Zeit nach seiner Wahl zum Bischof von Rom im Jahr 2013 hat Papst Franziskus das wichtige Thema von Ehe und Familie in den Mittelpunkt des kirchlichen Interesses gerückt. Erstmals in der Geschichte der Kirche wurden zwei unmittelbar aufeinander folgende Bischofssynoden für dasselbe Thema einberufen, und zwar zunächst für das Jahr 2014 eine außerordentliche und für das Folgejahr 2015 eine ordentliche Bischofssynode. Hierzu hat den Papst das Faktum getrieben, daß eine hohe Zahl von Christgläubigen in einer zivil eingegangenen Ehe lebt, obwohl ihre kirchlich geschlossene Ehe dem Bande nach weiterbesteht. So sagt er in seinem Apostolischen Schreiben Motu Proprio *„Mitis Iudex Dominus Iesus":*

> „Das Reformbemühen wird durch die sehr große Zahl von Christgläubigen genährt, die dem eigenen Gewissen zu folgen wünschen, aber wegen physischer oder moralischer Entfernung des öfteren nicht zu den rechtlichen Strukturen der Kirche gelangen können; die Liebe und die Barmherzigkeit fordern daher, dass die Kirche selbst sich wie eine Mutter in die Nähe jener Kinder begibt, die sich als getrennt betrachten."[1]

Das für das Jahr 2015/16 ausgerufene außerordentliche Jubiläum der Barmherzigkeit war für den Papst Anlaß, einen Akt der Barmherzigkeit für jene Christen zu setzen, die in einer schwierigen familiären Situation leben. So hat er am 15. August 2015, dem Fest der Aufnahme Mariens in den Himmel, zwei Apostolische Schreiben Motu Proprio unterzeichnet, mit denen die Verfahren zur Nichtigerklärung der Ehe reformiert wurden, das Motu Proprio *„Mitis et misericors Iesus"*, das für die katholischen Ostkirchen gilt, und das Motu Proprio *„Mitis Iudex Dominus Iesus"* für die Lateinische Kirche.[2] Die mit diesen Apostolischen Schreiben vorgenommene Novellierung des kirchlichen Eheverfahrens-

---

[1] *„Mitis Iudex Dominus Iesus"* 959.

[2] Zu einigen Auffälligkeiten bei der Entstehung dieser Gesetze vgl. die Hinweise bei DENNEMARCK, *Der Diözesanbischof als „milder Richter"?* 276 mit Anm. 8. Im Folgenden wird nur die Rechtslage des Lateinischen Kirchenrechts dargestellt.

rechtes sollte am 8. Dezember 2015, mit dem Beginn des Jahres der Barmherzigkeit, in Kraft treten.

Die Reform von 2015 bringt Änderungen von z. T. erheblicher Bedeutung, weshalb die Darstellung des Eheprozeßrechts im vierten Band des Lehrbuchs von Aymans – Mörsdorf – Müller durch die vorliegende knappe Publikation fortgeschrieben werden soll. Die Textänderungen können der Gegenüberstellung der Canones in der Fassung von 1983 und von 2015 im Anhang entnommen werden, welcher eine vom Verfasser dieses Buches erarbeitete deutsche Übersetzung der durch *„Mitis Iudex Dominus Iesus"* veränderten Canones über den Eheprozeß hinzugefügt ist.

A. GRUNDFRAGEN

Nach der Ansicht von Eugenio Corecco[1] sind die Personenstands-verfahren die „typischen kanonischen Prozesse"[2]. Deshalb haben kanonische Urteile nach Corecco „nicht zum Ziel, Streitsachen zu lösen, die subjektive Rechte betreffen, oder zu einer gerechten Schlichtung des Streites zu verhelfen"[3] – eine sicher überspitzt formulierte These.[4] Jedenfalls nehmen die für das kanonische Recht typischen Urteile keine solche Streitigkeiten in den Blick, „welche den gleichen rechtlichen Stellenwert einnehmen wie in der staatlichen zivilen Rechtsprechung."[5] Dieser These dürfte man zustimmen können.[6]

Welchen Sinn kann es dann aber haben, wenn der CIC von 1983 vom Streitverfahren als der „Normalform" eines Prozesses ausgeht und ausdrücklich normiert, daß auch in Ehesachen neben den besonderen Normen der cc. 1671–1691 CIC „soweit die Na-

---

[1] Vgl. zu diesem v. a. den Sammelband: *Antropologia, fede e diritto ecclesiale. Atti del Simposio Internazionale sugli studi canonistici di Eugenio Corecco (Lugano, 12 novembre 1994),* a cura di Libero Gerosa, Milano 1995 (Già e non ancora 300); vgl. auch LIBERO GEROSA, *Eugenio Corecco. Canonista e vescovo dopo il Vaticano II,* in: Rivista teologica di Lugano 12 (2007) 239–248.

[2] EUGENIO CORECCO, *Das Urteil im kanonischen Prozeß,* in: ders., Ordinatio Fidei. Schriften zum kanonischen Recht, hrsg. von Libero Gerosa und Ludger Müller, Paderborn – München – Wien – Zürich 1994, 55–81, hier: 69.

[3] Ebd. 79.

[4] Corecco neigt des öfteren zum Überzeichnen des von ihm Gemeinten, um es in der Auseinandersetzung mit anderen Ansichten hervorzuheben; vgl. zum Ganzen beispielsweise LUDGER MÜLLER, *Kirchenrecht – analoges Recht? Über den Rechtscharakter der kirchlichen Rechtsordnung,* St. Ottilien 1991 (DiKa 6) 43–60; DERS., *Ordo Ecclesiae. Theologische Grundlegung und Theologie des kanonischen Rechts nach Eugenio Corecco,* in: AfkKR 163 (1994) 96–120.

[5] Ebd. 80.

[6] Vgl. auch LUDGER MÜLLER, *Rechte in der Kirche. Die Begründung kirchlichen Verfahrensrechts,* in: Rechtsschutz in der Kirche, hrsg. von Ludger Müller, Münster 2011 (Kirchenrechtliche Bibliothek 15), 9–24, hier: 23 f.; DERS., in: AYMANS – MÖRSDORF – MÜLLER, *KanR* IV, § 184.

tur der Sache nicht dagegen steht" auch die Canones über den ordentlichen Streitprozeß anzuwenden sind (c. 1691 § 3 CIC)? Ist der Eheprozeß eine besondere Art des Streitprozesses? Wer klagt gegen wen und mit welchem Prozeßziel?

I. Das Ehenichtigkeitsverfahren – ein Streitverfahren?

Von den Ansichten Eugenio Coreccos ausgehend und in Auseinandersetzung mit einer Untersuchung von Zenon Grocholewski[7] hat sich Klaus Lüdicke in einem Beitrag aus dem Jahr 1990 mit der Frage befaßt, ob das Ehenichtigkeitsverfahren überhaupt ein Streitverfahren darstellt. Er kam zu den folgenden Ergebnissen:

1. „Das Ehenichtigkeitsverfahren ist kein Parteienprozeß",[8] denn der nichtklagende Partner aus der strittigen Ehe ist eindeutig nicht die beklagte Partei, sondern „eine notwendig mitbetroffene Person".[9] Weil das Ehenichtigkeitsverfahren kein Parteienprozeß sei, führe auch die Betonung der Verteidigungsrechte der Parteien im Eheprozeß in die falsche Richtung.[10]
2. „Das Ehenichtigkeitsverfahren ist jedenfalls ein untypischer Prozeß".[11] Ein Indiz dafür ist nach Ansicht von Lüdicke darin zu erkennen, daß das Ehenichtigkeitsurteil nicht rechtskräftig wird.[12]

Man muß Lüdicke in manchen seiner Ansichten recht geben, wenn ihm auch in zentralen Thesen zu widersprechen ist:

---

[7] ZENON GROCHOLEWSKI, *Quisnam est Pars Conventa in Causis Nullitatis Matrimonii?*, in: Periodica 79 (1990) 357–391.

[8] KLAUS LÜDICKE, *Der kirchliche Ehenichtigkeitsprozeß – ein processus contentiosus?*, in: ÖAKR 39 (1990) 295–308, hier: 297.

[9] Ebd. 299.

[10] Vgl. ebd. 301 f.

[11] Ebd. 300.

[12] Vgl. ebd. 303.

1. Der Ehenichtigkeitsprozeß ist sehr wohl ein Parteienprozeß. Recht hat Lüdicke aber mit seiner Ansicht, daß er nicht zwischen den Partnern der strittigen Ehe geführt wird. Vielmehr gibt es auf der einen Seite den Kläger bzw. die Klägerin und auf der anderen Seite die kirchliche Öffentlichkeit, vertreten durch den Ehebandverteidiger. Zenon Grocholewski vertritt zu Recht die Ansicht: „In einem genaueren Sinn könnte man vielleicht sagen, daß die belangte Partei die verwaltende (ausführende) Autorität in der Kirche oder die Kirche selbst ist."[13] Die von Grocholewski genannte Alternative „die Kirche selbst" („vel Ecclesiam ipsam") ist jedoch zu bevorzugen, denn auch die kirchliche Verwaltung handelt für „die Kirche selbst"; der Bischof repräsentiert seine Teilkirche auch im rechtlichen Sinn und der Papst die Gesamtkirche. An dieser Repräsentationsfunktion hat die kirchliche Verwaltung Anteil. Die Kirche selbst oder auch die kirchliche Öffentlichkeit aber ist jene Person, von welcher der Kläger (bzw. die Klägerin) im kirchlichen Ehenichtigkeitsprozeß etwas verlangt, das ihm bzw. ihr zuzustehen scheint,[14] nämlich davon abzulassen, die von den Parteien eingegangene, als ungültig behauptete Ehe, die in Wahrheit lediglich eine Putativehe darstelle, weiterhin wie eine gültige Ehe zu behandeln.

Im Regelfall klagt einer der Partner aus der strittigen Ehe, manchmal auch beide und in seltenen Fällen auch der Kirchenanwalt. Schon diese Möglichkeiten der gemeinsamen Klage beider Partner und der Klage durch den Kirchenanwalt aber zeigt, daß das Ehenichtigkeitsverfahren alles andere ist als ein privater Streitprozeß. Es ist ein Streitprozeß, an dem öffentliches Interesse beteiligt ist.

Der Kirchenanwalt kann beispielsweise die Nichtigerklärung der von einem Kleriker eingegangenen Ehe beantragen, an welcher die Partner dieser Ehe möglicherweise nicht interessiert sind. In diesem Fall klagt die kirchliche Öffentlichkeit sozusagen gegen sich selbst; sie ist einerseits daran interessiert, daß nicht der Anschein besteht, ein Kle-

---

[13] *Quisnam est Pars Conventa* (Anm. 7) 378: „*Magis generice forsitan dici possit partem conventam esse auctoritatem administrativam (exsecutivam) in Ecclesia vel Ecclesiam ipsam*".

[14] Vgl. ebd., 376.

riker könne gültig heiraten, andererseits aber muß sie für die Unauflöslichkeit der Ehe eintreten.
Die Rolle des Ehebandverteidigers als Vertreter der belangten
Partei (d. h. der Kirche oder der kirchlichen Öffentlichkeit)
macht es aber erforderlich, jede Bezeichnung der nichtklagenden Privatpartei als „beklagte", „verklagte", „belangte Partei"
oder auch als *„pars conventa"* zu vermeiden. Zutreffend ist
ihre Bezeichnung als „nichtklagende Partei".[15] Wenn im kirchlichen Eheprozeßrecht der Begriff der Partei verwendet wird,
sind damit nicht nur die Privatparteien (also die Partner der
strittigen Ehe), sondern ebenso die amtlichen Prozeßparteien,
nämlich der Ehebandverteidiger und, sofern beteiligt, der Kirchenanwalt gemeint.
Wenn vermieden wird, in den Schriftstücken des Gerichts die nichtklagende Partei als belangte Partei zu bezeichnen, wird dadurch auch
der falsche Eindruck vermieden, als richte sich das Verfahren gegen
die nichtklagende Partei – ein Eindruck, der gelegentlich zur Verweigerung einer Mitwirkung am Verfahren oder zu einer feindseligen
Einstellung gegenüber dem Kläger oder auch gegenüber dem kirchlichen Gericht führt.
Lüdicke bezeichnet die nichtklagende Partei mit vollem Recht
als „notwendig mitbetroffene Person"[16]. Das hat zur Folge,
daß auch jenem Partner bzw. jener Partnerin aus der strittigen
Ehe, der bzw. die die Ehenichtigkeitsklage nicht angestrengt
hat, die Möglichkeit gegeben werden muß, am Verfahren teil-
zunehmen, seine bzw. ihre Kenntnisse über die Ehe einzubrin-
gen[17] und seine bzw. ihre Rechte wahrzunehmen.

2. Zuzustimmen ist Lüdicke, daß der Ehenichtigkeitsprozeß kein
   Prozeß wie jeder andere ist. Das liegt aber daran, daß bei Per-
   sonenstandsprozessen – anders, als wir es von Prozessen im
   Bereich des weltlichen Rechts gewohnt sind – der Rechtsfrieden gegenüber der objektiven Wahrheit zurücktreten muß. Si-

---

[15] Vgl. auch FRANS DANEELS, *Das Wesen des Ehenichtigkeitsverfahrens,* in: DPM 14 (2007) 205–215, hier: 212. In Österreich wird auch
der Begriff der „aufgerufenen Partei" verwendet.

[16] LÜDICKE, *Der kirchliche Ehenichtigkeitsprozeß* (Anm. 8) 299.

[17] Auf diesen Aspekt weist v. a. FRANS DANEELS hin: *Das Wesen des
Ehenichtigkeitsverfahrens* (Anm. 15) 211.

cher soll jeder Prozeß – in der Kirche wie im weltlichen Bereich – dazu dienen, die Wahrheit in einer bestimmten Sache herauszufinden und die entsprechenden rechtlichen Konsequenzen festzustellen. In einem besonderen Fall kann aber u. U. auch dadurch dem Rechtsfrieden gedient sein, *daß überhaupt* eine Entscheidung getroffen wird, der sich eine Partei auch dann unterwerfen muß, wenn die Entscheidung sachlich möglicherweise falsch ist. In einem solchen Fall wird der äußere Rechtsfrieden einfach dadurch hergestellt, daß das Urteil in Rechtskraft erwächst. Das aber ist in kanonischen Personenstandsverfahren anders. Entscheidungen in Personenstandssachen erwachsen nie in Rechtskraft (vgl. c. 1643 CIC). Das liegt daran, daß die theologische Wahrheit (Gültigkeit oder Ungültigkeit der Ehe, der Weihe o. ä.) wichtiger ist als das Interesse der Parteien an Rechtssicherheit.

Da die Unauflöslichkeit der Ehe ein unaufgebbares Gut ist, das uns von Gott anvertraut worden ist, gilt der Grundsatz des *favor iuris* der Ehe (vgl. c. 1060 CIC). Aus diesem Grund kann auch der Ehebandverteidiger – anders als eine Partei in einem privaten Streitprozeß – nicht auf die Fortführung des Ehenichtigkeitsprozesses verzichten; er muß vielmehr im Namen der Kirche, die für das Eheband einstehen muß, alles vorbringen, was vernünftigerweise gegen die Ungültigkeit der Ehe vorgebracht werden kann (vgl. c. 1432 CIC). Weder die Kirche noch der in ihrem Namen handelnde Ehebandverteidiger aber hat die Verfügungsgewalt über die Unauflöslichkeit der Ehe.

Klaus Lüdicke beendete seinen Beitrag über die Eigenart des Ehenichtigkeitsprozesses mit den folgenden Sätzen: „Das Ehenichtigkeitsverfahren des CIC/1983 trägt ... einen schlecht sitzenden Anzug. Ihm einen neuen schneidern zu lassen – das Verwaltungsverfahren –, scheint mir nicht angeraten. Aber in die Änderungsschneiderei sollte man den Anzug schon tragen, damit Träger und Gewand besser harmonieren."[18] Abgesehen von dem Eindruck, daß Lüdicke die Gestalt des Ehenichtigkeitsprozesses nicht in jeder Hinsicht zutreffend erfaßt haben dürfte, ist die Frage zu stel-

---

[18] LÜDICKE, *Der kirchliche Ehenichtigkeitsprozeß* (Anm. 8) 308.

len: Ist mit der Reform von 2015 der „Anzug" für den Eheprozeß verbessert worden? Paßt die äußere Gestalt des reformierten Ehenichtigkeitsverfahrens jetzt besser zum inneren Gehalt, der Sicherung der Unauflöslichkeit der Ehe? Der Blick auf die in „*Mitis Iudex Dominus Iesus*" gewählte Terminologie zur Bezeichnung der Parteien läßt jedenfalls keinen Fortschritt erkennen.

II. Rechtsquellen des Ehenichtigkeitsverfahrens

Für Ehenichtigkeitsverfahren gelten in besonderer Weise die Canones des Kapitels des C I C v o n 1 9 8 3 über das Ehenichtigkeitsverfahren (cc. 1671–1691). Wie die letzte Vorschrift dieses Kapitels, c. 1691 § 3 CIC, aber ausdrücklich hervorhebt, sind daneben die Canones des CIC über das Gerichtswesen im allgemeinen und über das ordentliche Streitverfahren zu beachten, unter besonderer Berücksichtigung der Normen für Personenstandssachen und Sachen des öffentlichen Wohls.

Am 25. Januar 2005 wurde vom Päpstlichen Rat für die Gesetzestexte die I n s t r u k t i o n f ü r E h e n i c h t i g k e i t s v e r - f a h r e n „*Dignitas Connubii*" nach Approbation durch Papst Johannes Paul II. vom 8. November 2004 in einer lateinischen Ausgabe und verschiedenen zweisprachigen Bänden jeweils mit dem offiziellen Text in lateinischer Sprache publiziert. Als Instruktion gemäß c. 34 CIC wendet sie sich an diejenigen, die das kirchliche Eheprozeßrecht anwenden müssen, v. a. die Gerichte, und gibt nähere Anweisungen für die Ausführung der kodikarischen Vorschriften.

Papst Franziskus hat am 15. August 2015 das A p o s t o l i - s c h e S c h r e i b e n M o t u P r o p r i o „*Mitis Iudex Dominus Iesus*" zur Reform der Canones des Codex Iuris Canonici über die Nichtigerklärung der Ehe erlassen.[1] Ebenso erschien unter demselben Datum das Apostolische Schreiben Motu Proprio „*Mitis et misericors Iesus*" zur Reform der entsprechenden Cano-

---

[1] Wenn im Folgenden die Canones des CIC/1983 zitiert werden, sind sie jeweils in der Fassung von 2015 gemeint; anderenfalls wird hinzugesetzt: „i. d. F. von 1983".

nes des Codex Canonum Ecclesiarum orientalium über die Nichtigerklärung der Ehe. Diese beiden päpstlichen Gesetze sind erst im Sommer 2016 in den *Acta Apostolicae Sedis* veröffentlicht worden, sollten aber mit Rechtskraft seit dem 8. Dezember 2015 an die Stelle der cc. 1671–1691 CIC bzw. der cc. 1357–1377 CCEO treten und sie vollständig ersetzen. Nun sieht c. 7 CIC (c. 1488 CCEO) aber vor, daß Gesetze erst mit ihrer Promulgation ins Dasein treten. Die Promulgation gesamtkirchlicher Gesetze geschieht durch ihre Publikation in den *Acta Apostolicae Sedis,* „wenn nicht in einzelnen Fällen eine andere Promulgationsweise vorgeschrieben ist" (c. 8 CIC; vgl. c. 1489 § 1 CCEO).

Eine andere Promulgationsweise wurde aber weder in *„Mitis Iudex Dominus Iesus"* noch in *„Mitis et miserisors Iesus"* vorgeschrieben. C. 8 CIC (bzw. c. 1489 CCEO) regelt auch eine Legisvakanz von drei Monaten ab dem Datum, das auf der betreffenden Nummer der *Acta Apostolicae Sedis* angegeben ist. Das Inkrafttreten der beiden Gesetze zum 8. Dezember 2015 konnte nur dadurch „gesichert" werden, daß die Nummer 9 der *Acta Apostolicae Sedis* das objektiv falsche Datum vom 4. September 2015 trägt, obwohl dieser Faszikel mit der üblichen Verspätung von fast einem Jahr erst Monate nach dem (fiktiven) Inkrafttreten der beiden Gesetze erschienen ist. Diese Vorgehensweise macht den Sinn der Normen über Promulgation und Legisvakanz zunichte. In der Zeit vom 15. August 2015 bis zur tatsächlichen Veröffentlichung der entsprechenden Nummer der *Acta Apostolicae Sedis* waren die Motu Proprien *„Mitis Iudex Dominus Iesus"* und *„Mitis et misericors Iesus"* nicht in der rechtlich vorgeschriebenen Weise greifbar und konnten daher auch nicht verpflichten.

Wenn die beiden Gesetze ab dem 8. Dezember 2015 in Kraft treten sollten, was tatsächlich sozusagen „im Nachhinein" geschehen ist – unter Mißachtung aller Rechtsprinzipien und des Sinnes der geltenden Rechtsnormen –, wäre das ganz einfach möglich gewesen durch die Anordnung des Papstes in beiden Gesetzen, daß sie durch Veröffentlichung z. B. im *Osservatore Romano*[2]

---

[2] „Diese Form der Verkündung [eines Gesetzes] ist nicht ganz selten" (GEORG MAY – ANNA EGLER, *Einführung in die kirchenrechtliche Methode,* Regensburg 1986, 157; Hinzufügung in eckigen Klammern von mir). Es könnte auch jedes andere Publikationsorgan des Apostoli-

promulgiert werden. Diese Promulgation hätte sicher innerhalb weniger Tage in zuverlässiger Weise verwirklicht werden können.

Mit der Novellierung der Normen für den Ehenichtigkeitsprozeß treten jene auf cc. 1671–1691 CIC i. d. F. 1983 bezogenen Artikel der E h e p r o z e ß o r d n u n g *„Dignitas connubii"* außer Kraft, welche Regelungen zu Canones treffen, die mit Rechtskraft vom 8. Dezember 2015 wesentlich verändert worden sind. Die Regelungen von *„Dignitas connubii"* können also nur da weiterhin herangezogen werden, wo die Neuregelung von 2015 inhaltlich altes Recht wiedergibt.[3] Es besteht jetzt jedenfalls auch die dringende Notwendigkeit einer Novellierung der Eheprozeßordnung.[4] Papst Franziskus hat seinen beiden Apostolischen Schreiben vom 15. August 2015 jeweils eine *„Ratio procedendi in causis ad matrimonii nullitatem declarandam"*, eine „Verfahrensordnung"[5] hinzugefügt, welche die Aufgabe einer Eheprozeßordnung zum Teil, aber auch nur zum Teil erfüllen kann. Diese Verfah-

---

schen Stuhls gewählt werden, ebenso die Versendung an die Bischöfe o. ä. Nicht unproblematisch wäre jedoch eine Promulgation durch Veröffentlichung im Internet, da Dokumente im Internet nicht mit der hinreichenden Sicherheit dauerhaft und unverändert bestehen können – von der Frage der Echtheitsmerkmale (v. a. Unterschrift[en]) einmal ganz abgesehen.

[3] Vgl. auch Klaus Mörsdorf mit Blick auf die Zuständigkeit in Ehesachen, wonach durch das Motu Proprio *Causas matrimoniales* „Normen des CIC wie der EPO, die sich mit der Neuordnung nicht vereinbaren lassen, außer Kraft getreten sind" (Mörsdorf, *Lb* [11]III, 225). Zu fragen bleibt, welche Konsequenz sich daraus ergibt, daß *„Mitis Iudex Dominus Iesus"* eine u m f a s s e n d e Neuordnung des Ehenichtigkeitsprozesses durchführt (vgl. c. 20 CIC). Bedeutet das etwa, daß das Gesetz, „zu dessen ... Ausführung" die Instruktion *Dignitas connubii* „gegeben worden ist" (c. 34 § 3 CIC), weggefallen ist? Das hätte sogar zur Folge, daß *„Dignitas connubii"* formell außer Kraft getreten wäre, was vom Gesetzgeber sicher nicht beabsichtigt war.

[4] Das wird schon an jenen Artikeln von DC klar, die auf Canoneszahlen verweisen, die nun nicht mehr stimmen.

[5] Im folgenden mit „RP" zitiert.

rensordnung ist nicht Teil des Gesetzes,[6] wie daran zu erkennen ist, daß (1.) sich die Promulgationsformel mit Unterschrift des Papstes zwischen dem Text von c. 1691 § 3 CIC und der Überschrift *„Ratio procedendi in causis ad matrimonii nullitatem declarandam"* findet und (2.) der Papst selbst klar davon spricht, daß die *„Ratio procedendi"* dem Vorliegenden „hinzugefügt" wird und dem Ziel einer genauen Anwendung des reformierten Gesetzes dienen soll. Dadurch wird klar zwischen dem Gesetz und der *„Ratio procedendi"* unterschieden; die letztgenannte hat der Papst in Ausübung seiner ausführenden Gewalt in der Art einer Instruktion erlassen.[7]

Als eigenständige Veröffentlichung ist im Jahr 2016 der *S u s s i - d i o a p p l i c a t i v o del Motu pr. Mitis Iudex Dominus Iesus* des *Tribunale Apostolico della Rota Romana* erschienen. Um eine eventuelle Verbindlichkeit dieser Schrift feststellen zu können, ist zunächst darauf zu achten, welche Instanz diese Schrift erlassen hat: das höchste ordentliche Gericht der Katholischen Kirche, die Römische Rota. Ein Gericht ist nicht der Gesetzgeber, sondern hat vielmehr die Aufgabe, Recht und Gesetz bei der prozessualen Lösung von rechtlichen Schwierigkeiten anzuwenden; es ist also dem Gesetz unterworfen. Natürlich könnte der höchste Gesetzgeber der Kirche, der Papst oder auch das Bischofskollegium, auch einem Gericht die Vollmacht zur Gesetzgebung delegieren.

---

[6] So jedoch Klaus Lüdicke, in: *MünstKomm* vor 1671/3-4, RNr. 6 und vor 1671/6, RNr. 9.

[7] Dem widerspricht nicht, daß sich auch am Ende der *„Ratio procedendi"* nochmals die Unterschrift des Papstes findet *(„Mitis Iudex Dominus Iesus"* 970), jedoch ohne irgendeine Promulgationsformel; es steht nichts dagegen, daß der Erlasser einer Instruktion diese auch unterschreibt. Die Unterschrift unter den Canones des Ehenichtigkeitsverfahrens lautet übrigens *„Francesco PP."* *(„Mitis Iudex Dominus Iesus"* 967), am Ende der *„Ratio procedendi"* jedoch *„Franciscus PP."* Aus dem Faktum, daß beide Texte in einem einzigen Motu Proprio promulgiert bzw. publiziert worden sind, ist nicht zu schließen, daß sie in derselben Weise Gesetze darstellen, wie Lüdicke zu meinen scheint *(MünstKomm* vor 1671/6 RNr. 9); in einem Motu Proprio *können* Gesetze vorgelegt werden, *es muß aber nicht jedes* Motu Proprio als Gesetz angesehen werden; vgl. Aymans - Mörsdorf, *KanR* I, 48.

Daß das geschehen wäre, ist aber dem *Sussidio applicativo* nicht zu entnehmen. Kann der *Sussidio applicativo* eine Ausführungsbestimmung zum Päpstlichen Gesetz über die Ehenichtigkeitsverfahren sein? Ausführungsbestimmungen – in der Sprache des CIC: Instruktionen – haben die Aufgabe, die gesetzlichen Vorschriften zu erklären und konkrete Vorgehensweisen für die Ausführung des betreffenden Gesetzes festzulegen. Inhaltlich ist genau das im *Sussidio applicativo* der Römischen Rota auch geschehen. Allerdings legt c. 34 § 1 CIC fest, daß als Urheberin von Instruktionen nur die kirchliche Verwaltung in Betracht kommt – die kirchlichen Gerichte also nicht. Was also ist der *Sussidio applicativo?* Nichts anderes als das, was sein Titel sagt: ein Hilfsmittel für die Umsetzung der neuen Gesetzeslage. Er ist rechtlich in keiner Weise verbindlich und erhebt auch faktisch keinen Anspruch, verbindliche Regelungen zu treffen. Daß die Römische Rota ein solches Dokument herausgegeben hat, ist schlicht aus der Entstehung der beiden Motu Proprien von 2015 zu erklären. Papst Franziskus hat eine eigene Arbeitsgruppe für die Reform des Eheprozeßrechtes unter der Leitung des Dekans der Römischen Rota gebildet.[8] Aus dieser „Werkstatt" der Gesetzgebung stammen die praktischen Hilfestellungen zur Verwirklichung der Gesetzesänderungen hinsichtlich der Ehenichtigkeitsprozesse. Eine besondere Autorität ergibt sich daraus jedoch nicht.

---

[8] Die bewährten und ansonsten üblichen Wege der Vorbereitung von Gesetzen wurden bewußt nicht gegangen; vgl. hierzu auch Dennemarck, *Der Diözesanbischof als „milder Richter"?* 274 mit Anm. 6.

B. Zuständigkeit

I. Zuständigkeit der kirchlichen und der staatlichen Autorität

C. 1671 CIC gibt in § 1 wörtlich den Text des c. 1671 CIC i. d. F. 1983 wieder und in § 2 den Text des c. 1672 i. d. F. 1983. C. 1671 § 1 CIC erklärt die Ehesachen der Getauften „kraft eigenen Rechtes" zur Angelegenheit der kirchlichen Gerichtsbarkeit.[1] Diese Aussage ist in mehrfacher Hinsicht zu präzisieren:

1. Die Ehesachen der Getauften sind nicht insgesamt Sache des kirchlichen Richters, sondern nur, soweit nicht die rein bürgerlichen Wirkungen der Ehe betroffen sind (vgl. c. 1671 § 2 CIC). Dennoch geht es um mehr als nur um den sakramentalen Aspekt der Ehe, was daraus hervorgeht, daß c. 1671 § 1 CIC nicht von den „Ehen u n t e r Getauften" *(„causae matrimoniales inter baptizatos"),* sondern von den „Ehesachen d e r Getauften" *(„causae matrimoniales baptizatorum")* spricht. „Ehesachen der Getauften" sind auch solche, welche die Ehe eines Getauften mit einem Ungetauften betreffen, also auch nichtsakramentale Ehen. Sie können ebenfalls Gegenstand eines kirchlichen Ehenichtigkeitsverfahrens sein; das gilt nach dem Text von c. 1671 § 1 CIC jedenfalls dann, wenn auch nur e i n Getaufter daran beteiligt ist.

2. Klagerecht vor dem kirchlichen Gericht hat jeder Mensch, „ob getauft oder nicht getauft" (c. 1476 CIC). Die Gerichte der katholischen Kirche behandeln daher nicht nur die Ehen von Katholiken, sie behandeln auch nicht nur die Ehen von Getauften, sondern alle Ehen, deren Nichtigerklärung in irgendeiner

---

[1] In c. 1671 CIC dürfte noch ein Rest der Denkweise des *Ius Publicum Ecclesiasticum* gegeben sein; vgl. Ludger Müller, *Communio-Ekklesiologie und Societas-perfecta-Lehre: Zwei Quellen des kirchlichen Verfassungsrechts?,* in: Krönung oder Entwertung des Konzils? Das Verfassungsrecht der katholischen Kirche im Spiegel der Ekklesiologie des Zweiten Vatikanischen Konzils, hrsg. von Sabine Demel, Ludger Müller, Trier 2007, 265–293, 282–284.

Weise die katholische Kirche angeht, z. B. dadurch, daß ein Katholik einen Nichtkatholiken heiraten will, der außerhalb der katholischen Kirche eine andere Ehe eingegangen ist. Der Gerichtsbarkeit der katholischen Kirche unterliegen also rein katholische Ehen ebenso wie ggf. gemischte christliche Ehen, rein nichtkatholische christliche Ehen und sogar nichtchristliche Ehen.[2]

Die rein bürgerlichen Wirkungen der Ehe betreffen nicht die kirchliche Rechtsordnung und sind daher grundsätzlich vor dem weltlichen Forum zu klären. Das Partikularrecht kann aber bestimmen, daß auch diese Fragen vom kirchlichen Richter behandelt werden, allerdings nur als Nebenfrage im Rahmen eines Zwischenstreites (c. 1671 § 2 CIC).

II. Zuständigkeit des Papstes

Bezüglich der besonderen Zuständigkeiten des Papstes gilt in Ehenichtigkeitssachen die allgemeine Regelung des Prozeßrechts in c. 1405 n. 1 CIC, wonach Staatsoberhäupter ihren Gerichtsstand beim Papst selbst haben. Dieser sogenannte „gefreite Gerichtsstand" gilt nach der Rechtslage des c. 1405 n. 1 CIC seit 1983 nur noch für Streitsachen der Staatsoberhäupter selbst, nicht mehr, wie es nach can. 1557 § 1 n. 1 CIC/1917 der Fall war, auch für die Familienangehörigen des Herrschers. Der Sinn der Reservation der Zuständigkeit in der Streitsache eines Staatsoberhaupts liegt keineswegs in einer Privilegierung, sondern darin, die Diözesangerichte bzw. -richter, die in weltlichen Dingen von

---

[2] Auch wenn im Fall einer nichtchristlichen Ehe die Möglichkeit einer Auflösung des Ehebandes zugunsten des Glaubens besteht, ist es gegebenenfalls notwendig, ein Ehenichtigkeitsverfahren durchzuführen, da die Gewährung der Auflösung des Ehebandes einen Gnadenakt darstellt und die Nichtigkeit der Ehe natürlich unabhängig davon bestehen kann, auch dann, wenn u. U. die Voraussetzungen für die Auflösung der Ehe nicht erfüllt sind, z. B. deshalb, weil der katholische Teil die Schuld am Scheitern der Ehe trägt; vgl. hierzu: AYMANS – MÖRSDORF, *KanR* III, § 142: B; AYMANS – MÖRSDORF – MÜLLER, *KanR* IV, § 236: B.

ihrem Staatsoberhaupt abhängig sind, davor zu bewahren, äußerlich oder auch nur innerlich unter Druck zu geraten, eine bestimmte Entscheidung in dessen Sinn zu treffen. Diesem Normsinn wäre jedoch besser gedient, wenn nicht nur das Staatsoberhaupt (in Deutschland und Österreich der Bundespräsident, also noch nicht einmal der Bundeskanzler), sondern auch jedes Mitglied der Regierung, und zwar auf Bundes- und Landes- bzw. Kantonsebene, seinen Gerichtsstand außerhalb des Landes hätte.

Darüber hinaus kann der Papst gemäß c. 1405 n. 4 CIC auch eine Ehesache an sich selbst ziehen *(affectio papalis)*[1] – und zwar aus eigenem Antrieb oder auf Bitten einer Partei (c. 1444 § 2 CIC). In beiden Fällen ist jeder andere Richter zur Entscheidung absolut unzuständig (c. 1406 § 2 CIC). Der Papst entscheidet natürlich im Regelfalle nicht persönlich, sondern beauftragt damit die Römische Rota (vgl. c. 1444 § 2 CIC).

III. Zuständigkeit des Diözesangerichtes

Eine erste wichtigere Änderung der Rechtslage brachten die Motuproprien von 2015 hinsichtlich der Zuständigkeit des Diözesangerichts für solche Ehesachen, die nicht vom Papst bzw. von einem von diesem beauftragten Gericht behandelt werden. Schon nach der bisherigen Rechtslage konnten in erster Instanz gegebenenfalls verschiedene Diözesangerichte zuständig sein, so daß der Kläger unter mehreren zuständigen Gerichten eines auswählen konnte. Nach der ursprünglichen Rechtslage des CIC von 1983 (c. 1673 CIC i. d. F. 1983) mußten zwei ordentliche Zuständigkeitsgründe von zwei außerordentlichen unterschieden werden; o r d e n t l i c h   z u s t ä n d i g e   G e r i c h t e   waren nämlich

– das Gericht des Wohnsitzes oder Quasiwohnsitzes der nichtklagenden Partei oder
– das Gericht des Eheschließungsortes.

Daneben gab es unter der Voraussetzung, daß der Gerichtsvikar (Offizial) des für den Wohnsitz der nichtklagenden Partei zustän-

---

[1] Vgl. GEORG GÄNSWEIN, *Affectio papalis,* in: LKStKR I (2000), 36 f.

digen Gerichtes nach Anhörung derselben Partei zustimmt, als a u ß e r o r d e n t l i c h z u s t ä n d i g e G e r i c h t e

– das Gericht des Wohnsitzes des Klägers, dies allerdings nur unter der weiteren Voraussetzung, daß beide Parteien im Gebiet derselben Bischofskonferenz wohnen, und
– das Gericht des Ortes, an dem das meiste Beweismaterial zu erheben ist.

Nach der Rechtslage von „*Mitis Iudex Dominus Iesus*" gibt es keine solche Unterscheidung zwischen ordentlicher und außerordentlicher Zuständigkeit der Gerichte in Ehenichtigkeitsverfahren mehr. Für Ehenichtigkeitsprozesse sind nach c. 1672 CIC nunmehr gleichberechtigt zuständig:

1. das Gericht des E h e s c h l i e ß u n g s o r t e s ,
2. das Gericht des W o h n s i t z e s oder Q u a s i w o h n s i t z e s d e r e i n e n o d e r d e r a n d e r e n P a r t e i ,
3. das Gericht des Ortes, an dem die meisten B e w e i s e tatsächlich zu erheben sind.

Der Zuständigkeitsgrund des Eheschließungsortes ist in Analogie zur Zuständigkeit bei Klagen aufgrund eines Vertrags (vgl. c. 1411 CIC) formuliert. Das Diözesangericht ist für alle Ehen zuständig, die im Gebiet der Diözese – bzw. bei Personaldiözesen: von Personen, die dieser Diözese angehören – geschlossen worden sind. Es ist dabei unerheblich, ob die Eheleute zum Zeitpunkt der Klageerhebung noch zu dieser Diözese gehören oder nicht.
Die Zuständigkeit aufgrund des Wohnsitzes der nichtklagenden Partei entspricht der allgemeinen Kompetenzregelung in cc. 1407 § 3 und 1408 CIC, die für andere Prozesse als Ehenichtigkeitsprozesse natürlich weitergilt; hiernach müßte der Wohnsitz der nichtklagenden Partei sozusagen den vorrangigen Zuständigkeitsgrund darstellen. Der Kläger hat ein rechtliches Interesse, das er mit seiner Klage verfolgen will. Ihm kann daher eher als der nichtklagenden Partei zugemutet werden, sich an einen anderen Ort zu begeben, um dort seine Interessen vor Gericht geltend zu machen. Der Einfachheit halber wurde aber in der Reform von

2015 der Wohnsitz des Klägers in derselben Weise und uneinge-
schränkt als Zuständigkeitsgrund für die Ehenichtigkeitsklage genannt.

Ebenfalls zum Zweck der Erleichterung hat „*Mitis Iudex Dominus Iesus*" den Zuständigkeitsgrund der faktisch besten Beweislage ohne weitere Voraussetzungen neben die anderen Kompe-
tenzgründe gestellt. Allerdings hätte der Gesetzestext besser von
dem Ort gesprochen, an dem v o r a u s s i c h t l i c h – nicht: an
dem faktisch – das meiste Beweismaterial zu erheben sein wird.[1]
Ob an diesem Ort t a t s ä c h l i c h die meisten Beweise erhoben
werden können, läßt sich im vorhinein nicht sagen und kann natürlich im nachhinein an der Zuständigkeit des Gerichts nichts
mehr ändern.

Art. 7 § 1 RP hebt ausdrücklich die Gleichberechtigung der
Zuständigkeitsgründe hervor, fordert aber gleichzeitig, daß möglichst das Prinzip der Nähe zwischen Richter und Partei gewahrt
werden solle. Auch bei der notwendigen Kooperation zwischen
mehreren kirchlichen Gerichten, z. B. bei Rechtshilfe zur Beweiserhebung (c. 1418 CIC), ist dafür zu sorgen, daß jeder, gleich ob
Partei oder Zeuge, mit dem geringstmöglichen Aufwand am Verfahren teilnehmen kann.

Darüber hinaus kann die Apostolische Signatur die Behandlung einer Ehenichtigkeitssache einem bestimmten Gericht zuweisen und so dessen Kompetenz erweitern (c. 1445 CIC; Art. 124
n. 3 *PastBon;* Art. 35 § 3 *Lex Propria)*[2].

Der Richter bzw. das Gericht, von dem eine Ehenichtigkeitsklage
ohne Zuständigkeitsgrund angenommen wurde, ist in den folgenden Fällen a b s o l u t u n z u s t ä n d i g ,

– wenn die Zuständigkeit beim Papst selbst liegt (c. 1406 § 2
CIC),

---

[1] Diese Kritik galt auch schon für den Text von c. 1673 CIC i. d. F.
1983; vgl. AYMANS – MÖRSDORF – MÜLLER, *KanR* IV, 537.

[2] PAPST BENEDIKT XVI., *Apostolische Konstitution Motu Proprio „An-
tiqua ordinatione"* vom 21. Juni 2008, in: AAS 100 (2008) 513–538,
hier: 522.

– wenn der Fall rechtmäßig bei einem anderen Gericht anhängig
  ist (c. 1512 n. 2 CIC) oder
– wenn die Instanzenordnung nicht beachtet wurde (c. 1440
  CIC).

Aus der Natur der Sache ergibt sich die absolute Unzuständigkeit,
wenn das betreffende Gericht materiell für Ehenichtigkeitssachen
nicht zuständig ist;[3] das ist etwa der Fall bei einem kirchlichen
Arbeitsgericht, das selbstverständlich keine Ehenichtigkeitssachen
behandeln kann – auch nicht beispielsweise aufgrund des Sach-
zusammenhangs mit der Beendigung eines kirchlichen Dienst-
oder Arbeitsverhältnisses.
Wenn ansonsten kein Zuständigkeitsgrund nach c. 1672 CIC
vorliegt, ist die Unzuständigkeit des Richters bzw. Gerichts nur
r e l a t i v . Sie wird geheilt, wenn sie nicht vor der Streitfestlegung geltend gemacht wird;[4] der Richter, der eine Sache ohne Zuständigkeit an sich gezogen hat, kann aber nach c. 1457 § 1 CIC
bestraft werden.

---

[3] Das wurde in Art. 9 § 2 DC ausdrücklich ausgesagt.

[4] Vgl. CHRISTOPH OHLY, in: AYMANS – MÖRSDORF – MÜLLER, *KanR* IV,
§ 191: B.

C. ZUSAMMENSETZUNG DES GERICHTS

I. Der Bischof – Richter und Gerichtsherr

Unter der Überschrift „Zuständigkeit und Gerichte" wiederholt c. 1673 § 1 CIC in Anwendung auf das Thema „Ehenichtigkeitsprozeß" das, was schon c. 1419 CIC grundsätzlich zur Gerichtsbarkeit in der Kirche aussagt, daß nämlich der Diözesanbischof selbst auch Richter in seiner Diözese ist. Selbst c. 1419 CIC hat jedoch nur das aufgegriffen, was bereits an anderer Stelle des Gesetzbuchs gesagt ist, daß nämlich der Diözesanbischof die ihm anvertraute Teilkirche nicht nur mit gesetzgebender und ausführender, sondern auch mit richterlicher Gewalt leitet (c. 391 § 1 CIC) und die richterliche Gewalt persönlich oder durch den Gerichtsvikar und die Richter ausübt (c. 391 § 2 CIC). In der deutlicheren Betonung der richterlichen Funktion des Bischofs lag jedoch ein besonderes Anliegen von Papst Franziskus.[1] Nur in diesem „rechtspolitischen" Grund, nicht aber in irgendeiner Notwendigkeit kanonistischer Natur, kann die nochmalige Hervorhebung der Stellung des Bischofs als Richter in seiner Diözese in c. 1673 § 1 CIC begründet sein.

Auch § 2 desselben c. 1673 CIC faßt im Blick auf die Ehenichtigkeitssachen zusammen, was in den cc. 1420, 1421 und 1423 CIC im allgemeinen Prozeßrecht bereits gesagt ist. Nach c. 1673 § 2 CIC muß der Bischof ein Gericht für Ehenichtigkeitssachen einrichten, hat aber auch die Möglichkeit, ein anderes diözesanes oder ein eventuell bestehendes interdiözesanes Gericht in Anspruch zu nehmen. C. 1420 CIC schreibt im Blick auf das Gerichtswesen im allgemeinen vor, daß der Bischof einen Gerichtsvikar ernennen muß (§ 1), der mit ihm ein Gericht bildet (§ 2). Zudem können beigeordnete Gerichtsvikare (Vizeoffiziale; § 3) und Diözesanrichter (c. 1421 § 1 CIC) bestellt werden. C. 1423 CIC schließlich regelt die Möglichkeit der Errichtung eines gemeinsamen Gerichts für mehrere Diözesen.

Wenn c. 1673 § 2 CIC davon spricht, daß der Bischof ein Diözesangericht f ü r E h e n i c h t i g k e i t s s a c h e n einrichten muß, ist damit nicht ausgesagt, daß es sich um e i g e n e s Gericht speziell für Ehe-

---

[1] Vgl. „*Mitis Iudex Dominus Iesus*" 959.

nichtigkeitssachen handeln muß, neben dem ein weiteres Gericht (z. B. für „normale" Streitigkeiten [sog. *„Iurium"*-Fälle] oder Sanktionssachen) existieren müßte.[2] C. 1673 CIC gehört zum Kapitel „Ehenichtigkeitsverfahren" *(„De causis ad matrimonii nullitatem declarandam")* und trifft daher selbstverständlich nur Regelungen für das Eheprozeßrecht; nichts anderes soll mit den Worten „für Ehenichtigkeitssachen" gesagt sein.

II. Das Richterkollegium

Eine besonders auffallende Rechtsänderung betrifft die Zusammensetzung des Richterkollegiums. Hatte der CIC/1917 in can. 1574 vorgesehen, daß in jeder Diözese nicht mehr als zwölf Priester zu Richtern zu ernennen sind, die – wenn sie auf der Diözesansynode ernannt wurden – Synodalrichter heißen sollten, sonst Pro-Synodalrichter, so hatte das Motu Proprio Papst Pauls VI. *„Causas matrimoniales"* vom 28. März 1971 in n. V § 1 für Eheprozesse zum einen die Möglichkeit geschaffen, nicht nur Priester, sondern Kleriker, also auch Diakone, als Richter zu ernennen, und zum anderen mit Zustimmung der Bischofskonferenz auch Kollegialgerichte aus zwei Klerikern und einem Laien zu bilden, wenn Kollegialgerichte aus drei Klerikern nicht gebildet werden können. Der CIC hatte schon in der Fassung von 1983 diese Regelung nochmals erweitert und sie v. a. nicht nur für Ehesachen, sondern für alle Prozesse ermöglicht (c. 1421 § 2 CIC).[1] Gegen diese Regelung war schon bald Protest aus theologisch-kanonistischer Sicht laut geworden,[2] die auf die Unvereinbarkeit dieses Canons mit den cc. 129 und 274 § 1 CIC hinwies, in denen sich die Lehre des Zweiten Vatikanischen Konzils über die Einheit der kirchlichen Gewalt niedergeschlagen hatte.

Die Novellierung des Eheprozeßrechts von 2015 hat diese Argumente nicht nur nicht berücksichtigt, sondern sogar die Mög-

---

[2] Andere Streitprozesse kommen in der gerichtlichen Praxis nur sehr selten vor. Auch Sanktionssachen werden oftmals nicht auf dem Gerichts-, sondern auf dem Verwaltungsweg entschieden.

[1] Vgl. hierzu Christoph Ohly, in: Aymans – Mörsdorf – Müller, *KanR* III, § 193: B II d.

[2] Vgl. hierzu die ebd., 305, Anm. 21 genannte Literatur.

lichkeit geschaffen, daß das Richterkollegium in Ehenichtigkeitssachen aus n u r e i n e m Kleriker (auch Diakon[3]) und z w e i
Laien besteht (c. 1673 § 3 CIC).

Die Beteiligung von Laien am Richterkollegium in Ehenichtigkeitssachen ist weiterhin an die sachliche Voraussetzung einer
„Notwendigkeit" hierzu und an die Erlaubnis der Bischofskonferenz gebunden, wie es nach c. 1421 CIC für das Gerichtswesen
im allgemeinen der Fall ist, der auch für Ehenichtigkeitsverfahren
gilt.[4] Allerdings gibt es die Möglichkeit der Errichtung eines Kollegialgerichts mit einem Kleriker und zwei Laien wieder[5] nur eingeschränkt für Ehenichtigkeitssachen, weil c. 1421 CIC für das
Gerichtswesen im allgemeinen unverändert weitergilt. Für andere
Prozesse gilt weiterhin die Regelung des c. 1421 § 2 CIC, daß nur
ein Laie im Kollegialgericht mitwirken kann.

Der Widerspruch zu den theologischen Grundlagen der Ausübung von Leitungsgewalt in der Kirche wurde durch c. 1673 § 3
CIC verschärft. Zwar mag es in einzelnen Teilkirchenverbänden
möglich sein, auf diese Weise ein allfälliges Personalproblem an
den kirchlichen Gerichten zu beheben – kann aber eine pragmati-
sche Lösung zulässig sein, die mit der Lehre des Zweiten Vatikanischen Konzils nicht zu vereinbaren ist?

---

[3] Die Argumentation von BERND DENNEMARCK *(Der Diözesanbischof
als „milder Richter"?* 280, Anm. 30) gegen die Besetzung des Kollegialgerichts ohne einen Priester, daß dem Diakon die Möglichkeit der Ausübung von Leitungsgewalt nicht zukomme, da er nach c. 1009 § 3 CIC
(in der Fassung seit dem Apostolischen Schreiben PAPST BENEDIKTS XVI.
„Omnium in mentem" vom 26. Oktober 2009) nicht in der Lage sei,
Christus als Haupt der Kirche zu repräsentieren, ist zu bedenken. Aber –
so ist zu fragen – genügt als theologische Grundlage für die im kanonischen Recht auch sonst vorgesehene Möglichkeit der Ausübung von *„sacra potestas"* durch den Diakon (vgl. z. B. cc. 89, 1079 § 2 CIC) nicht
schon seine Befähigung, dem Volk Gottes zu dienen, oder – mit anderen
Worten – Christus zu repräsentieren, insofern Christus der Diener aller
geworden ist?

[4] Anderer Ansicht, allerdings zu Unrecht und ohne Nennung einer
gesetzlichen Grundlage: KLAUS LÜDICKE, in: *MünstKomm* 1673/3,
RNr. 3.

[5] Ähnlich war es ja schon bei der Zulassung eines Laien im Richterkollegium durch das Motu Proprio PAULS VI. *„Causas matrimoniales"*.

III. Der Einzelrichter

Als Ausnahme erscheint in der Novellierung des Ehenichtigkeitsverfahrens ebenso wie schon bislang die Möglichkeit, Ehesachen
einem Einzelrichter zuzuweisen, denn c. 1673 § 4 CIC knüpft
dies an die Unmöglichkeit, im eigenen Diözesangericht oder im
nach c. 1673 § 2 CIC angegangenen benachbarten oder interdiözesanen Gericht ein Kollegialgericht zu bilden. Wenn diese
Voraussetzung erfüllt ist, ist ein Kleriker[1] (also wiederum ein
Priester oder Diakon) als Einzelrichter mit allen Vollmachten des
Kollegiums, des Vorsitzenden des Richterkollegiums und des Be-
richterstatters einzusetzen. Nach Möglichkeit soll er zwei vom
Diözesanbischof hierzu approbierte Beisitzer haben. Für diese
Beisitzer (die ja nicht zwingend vorgeschrieben sind) nennt
c. 1673 § 4 CIC als Qualifikation bewährte Lebensführung und
Erfahrung in Rechts- oder Humanwissenschaften. Sinnvoller wäre
die Forderung nach theologischen und kanonistischen Kenntnissen
gewesen. Die Beisitzer müssen v. a. die kirchliche Lehre über die
Sakramente, insbesondere das Sakrament der Ehe, das kanonische
Recht und wohl auch die Rotarechtsprechung in Ehesachen be-
stens kennen.

Für das zweitinstanzliche Gericht sieht c. 1673 § 5 CIC zwingend („zur Gültigkeit") die Behandlung durch ein Kollegialgericht
vor, das nach der Norm des c. 1673 § 3 CIC zu besetzen ist, also
mit mindestens einem Kleriker und bis zu zwei Laien. Das zweitinstanzliche Urteil eines Einzelrichters wäre (außer im Dokumentenprozeß)[2] heilbar nichtig (vgl. c. 1622 n. 1 CIC).[3]

---

[1] So auch Klaus Lüdicke, in: *MünstKomm* 1673/5, RNr. 6.

[2] Siehe hierzu unten, S. 33.

[3] Siehe hierzu Aymans – Mörsdorf – Müller, *KanR* IV § 224: A.

D. Klage und Prozesseinleitung[1]

I. Pastorale Bemühungen um getrennt lebende und geschiedene Ehepaare

Dem Schutz des Ehebandes dient die gesetzliche Verpflichtung des Richters, sich vor Annahme der Ehenichtigkeitsklage Gewißheit über das endgültige Scheitern der betreffenden Ehe zu verschaffen (vgl. c. 1675 CIC). Sofern es Anhaltspunkte für eine Ungültigkeit der Ehe gibt, das eheliche Zusammenleben aber wiederhergestellt werden kann, setzt die Fortsetzung der ehelichen Lebensgemeinschaft natürlich voraus, daß die betreffende Ehe gültig gemacht wird. Diese Möglichkeit wird bei der Einreichung einer Ehenichtigkeitsklage nach Abschluß des weltlichen Ehescheidungsverfahrens nur sehr selten bestehen; wenn sie aber besteht, muß sie sorgsam beachtet und nach Möglichkeit genutzt werden, denn ein Ehenichtigkeitsverfahren kann für alle Beteiligten eine erhebliche persönliche Belastung bedeuten und eventuell bereits bestehende, anfänglich aber noch zu überwindende familiäre Probleme verfestigen.

Über die Regelung des c. 1675 CIC hinausgehend verlangt die *Ratio procedendi* von 2015, daß der Bischof und der Pfarrer sich um die getrennt lebenden oder geschiedenen Eheleute mit apostolischem Geist bemühen sollen (Art. 1 RP). Art. 2 RP spricht von einer vorgerichtlichen pastoralen Untersuchung, die das Ziel hat, die Situation der betreffenden Eheleute in den Blick zu nehmen und Elemente für ein eventuelles Ehenichtigkeitsverfahren zu sammeln. Die Voruntersuchung soll von nicht ausschließlich juristisch-kanonistisch gebildeten Personen durchgeführt werden, worin sich wohl das vorrangige Anliegen widerspiegelt, pastorale Lösungen zur Versöhnung der Ehepartner zu finden (Art. 3 RP). Art. 3 RP schlägt für die Übernahme dieser Aufgabe vor allem den eigenen Pfarrer der Eheleute oder jenen Amtsträger vor, der deren Eheschließung vorbereitet hatte; in Betracht kommen aber auch andere Kleriker, Ordensleute oder Laien, die vom Ortsordi-

---

[1] Zenon Grocholewski, *De periodo initiali seu introductoria processus in causis nullitatis matrimonii,* in: Periodica 85 (1996) 83–116. 331–356.

narius für diese Aufgabe für geeignet gehalten werden. Auch ein
eigenes diözesanes oder überdiözesanes Amt kann für diese Aufgabe eingerichtet werden. Es muß jedoch jedenfalls gewährleistet
sein, daß die mit dieser Aufgabe betrauten Personen – wenn auch
nicht ausschließlich, so doch – jedenfalls *auch* kanonistisch quali-
fiziert sind.

Im Rahmen der kanonistisch-pastoralen Voruntersuchung sollen ggf. die notwendigen Elemente für die Vorlage einer Klageschrift gesammelt und die Parteien befragt werden, ob sie eine
Ehenichtigkeitsklage übereinstimmend vorlegen wollen (Art. 4
RP).

II. Klagerecht

Wie bei jedem kanonischen Prozeß ist auch im Ehenichtigkeitsprozeß eine K l a g e s c h r i f t erforderlich, weil der Richter
nicht ohne Klageantrag handeln kann (c. 1501 CIC).[1] Das Recht,
Klage auf Nichtigerklärung der Ehe einzureichen, haben zum
einen aus ihrem privaten Interesse d i e P a r t n e r aus der (Pu-
tativ-)Ehe, gleich ob sie katholisch sind oder nicht, zum anderen
der K i r c h e n a n w a l t aus öffentlichem Interesse (c. 1674 § 1
CIC). Niemand sonst ist befugt, einen Klageantrag auf Feststellung der Nichtigkeit einer Ehe zu stellen; das gilt auch für Fami-
lienangehörige der Ehepartner.

Die Kirche kann gelegentlich daran interessiert sein, die Ungültigkeit einer Ehe festzustellen; dieses Interesse nimmt der Kirchenanwalt wahr. Das Klagerecht des Kirchenanwalts ist jedoch
eingeschränkt auf den Fall, daß die Ungültigkeit der Ehe bereits
bekannt ist und eine Gültigmachung der Ehe unmöglich oder unangemessen ist.

Unmöglich ist eine Gültigmachung der Ehe, wenn ein indispensables
Ehehindernis vorliegt oder wenn auf seiten eines oder gar beider Partner

---

[1] Vgl. Aymans – Mörsdorf – Müller, *KanR* IV, § 207: I. – Ein dem
diesbezüglichen can. 1970 CIC/1917 entsprechender Canon wurde im
Rahmen der nachkonziliaren CIC-Reformarbeiten gestrichen, weil er als
unnötig angesehen wurde.

kein Wille mehr vorliegt, die Lebensgemeinschaft fortzusetzen.[2] Unangemessen kann die Gültigmachung der Ehe sein, wenn dies bei den Gläubigen ein Ärgernis herbeiführte. Ein Beispiel könnte die Eheschließung eines Klerikers sein; die Dispens vom Ehehindernis der Weihe müßte allerdings durch den Papst erteilt werden, womit jedoch nach dem Eingehen einer rein zivilen Eheschließung durch den Kleriker *(„matrimonium attentatum")* kaum zu rechnen sein dürfte.

N a c h   d e m   T o d eines oder beider Partner ist der Antrag auf Nichtigerklärung der Ehe grundsätzlich nicht mehr zulässig. Eine Ausnahme gilt nur in dem Fall, daß die Feststellung der Ungültigkeit der Ehe zur Entscheidung einer anderen Streitfrage im Sinne einer Vorfrage in einem kirchlichen oder weltlichen Gerichtsverfahren erforderlich ist (c. 1674 § 2 CIC). Wenn erst während des Verfahrens einer der Ehepartner stirbt, tritt eine Unterbrechung im Verfahrenslauf ein, und der bzw. die Rechtsnachfolger müssen entscheiden, wie weiter vorzugehen ist. Im Regelfalle entfällt das Rechtsschutzbedürfnis (c. 1674 § 3 i. V. m. c. 1518 CIC).[3]

III. Annahme der Klageschrift

Wenn der Gerichtsvikar zur Überzeugung gelangt ist, daß die betreffende Ehe unheilbar zerrüttet ist und das eheliche Leben nicht wiederhergestellt werden kann, hat er über die Annahme oder die Ablehnung der Klageschrift zu entscheiden. Die Entscheidung über die Annahme der Klageschrift ist nicht in einem eigenen Dekret, sondern am unteren Rand der Klageschrift zu vermerken.[1] Zugleich ist zu verfügen, daß die Klageschrift denjenigen Prozeß-

---

[2] Sowohl für die einfache Gültigmachung (vgl. c. 1158 § 2 CIC: „... vorausgesetzt, daß der Ehewille des anderen Partners fortdauert") als auch für die Heilung in der Wurzel (vgl. c. 1162 CIC) ist zur Gültigkeit dieser Rechtsakte erforderlich, daß der Ehewille beider Partner im Augenblick der Gültigmachung gegeben ist.

[3] Vgl. hierzu AYMANS – MÖRSDORF – MÜLLER, *KanR* IV, § 210: B I.

[1] KLAUS LÜDICKE behauptet gegen den Gesetzestext, daß das Dekret der Klageannahme auch anders als auf der Klageschrift selbst vermerkt werden könne: *MünstKomm* 1676/5, RNr. 7.

beteiligten mitzuteilen ist, denen sie nicht bereits bekannt ist, nämlich dem Ehebandverteidiger und, wenn nicht die Klageschrift von beiden Parteien unterschrieben ist, der nichtklagenden Partei,[2] wobei dieser Partei eine Frist[3] von 15 Tagen zur Stellungnahme einzuräumen ist (c. 1676 § 1 CIC). Nach ungenutztem Ablauf dieser Frist muß der Gerichtsvikar die nichtklagende Partei mahnen, ihre Stellungnahme abzugeben.

Eine Frist für die Abgabe der Stellungnahme nach der Mahnung der nichtklagenden Partei durch den Gerichtsvikar ist im Gesetz nicht vorgeschrieben, so daß der Gerichtsvikar sie gemäß c. 1466 CIC selbst festlegen muß. Angesichts der Bedeutung dieser Stellungnahme zu Beginn des Verfahrens kann diese Frist nicht sehr kurz sein (z. B. wenige Tage), wegen der Gefahr der Verfahrensverschleppung aber darf sie auch nicht zu lang sein (vgl. auch c. 1465 § 3 CIC); die Verdoppelung der ursprünglich festgelegten Frist dürfte das Höchstmaß für die Möglichkeit der nichtklagenden Partei zur Stellungnahme darstellen.

IV. Festlegung der Prozeßfrage und Entscheidung über den Verfahrensweg

Unter Berücksichtigung dieser Stellungnahme und nach Anhörung des Ehebandverteidigers[1] ist sodann die Prozeßfrage genau festzulegen und über den Verfahrensweg zu entscheiden: Soll im ordentlichen Prozeß oder im Kurzverfahren vor dem Bischof vorgegangen werden oder ist sogar ein Dokumentenverfahren möglich? Dies hat in einem Dekret zu geschehen, das allen Parteien zuzuleiten ist (c. 1676 § 1 CIC), d. h. den Privatparteien, dem Ehe-

---

[2] Im Fall der Ehenichtigkeitsklage des Kirchenanwalts ist die Klageschrift natürlich beiden Partnern aus der betreffenden Ehe mitzuteilen.

[3] C. 1676 § 1 CIC spricht von einem *„terminus quindecim dierum"* – eine nicht ganz eindeutige Formulierung, unter der sowohl eine Nutzfrist (*„tempus utile"*) als auch eine zusammenhängende Zeit (*„tempus continuum"*) verstanden werden kann; sachgemäß wäre es gewesen, hier von einer Nutzfrist von 15 Tagen zu sprechen, und in diesem Sinn dürfte der Begriff *„terminus"* hier auch zu verstehen sein.

[1] Auch für dessen Stellungnahme ist im Gesetz keine Frist festgelegt.

bandverteidiger und, sofern am Verfahren beteiligt, dem Kirchenanwalt.

Auch wenn sowohl im Motu Proprio „*Mitis Iudex Dominus Iesus*" für die Lateinische Kirche als auch im Motu Proprio „*Mitis et misericors Iesus*" für die katholischen Ostkirchen zunächst das ordentliche Verfahren, sodann das Kurzverfahren vor dem Diözesanbischof und erst am Schluß das Dokumentenverfahren behandelt wird, ist diese Reihenfolge umzukehren. Es sollen im Folgenden zunächst jene Verfahren dargestellt werden, die den geringeren Aufwand und weniger Zeit kosten. Die Möglichkeit eines Dokumentenverfahrens als des schnellstmöglichen Ehenichtigkeitsverfahrens ist vorzuziehen, danach sollte möglichst ein Kurzverfahren vor dem Bischof angestrebt werden und erst die Verweigerung eines Kurzverfahrens durch den Gerichtsvikar wegen Fehlens der zwingenden Voraussetzungen oder eine „negative" Entscheidung des Bischofs im Kurzverfahren führt zum ordentlichen Eheprozeß.

E. Entscheidung aufgrund von Dokumenten

In bestimmten Fällen kann die Ungültigkeit einer Ehe ohne weiteres aufgrund von Dokumenten nachgewiesen werden, so daß der Aufwand eines ordentlichen Prozesses weder erforderlich noch zumutbar erscheint. In diesen Fällen kann die Nichtigkeit der Ehe entweder in einem gerichtlichen Dokumentenverfahren oder auf dem Verwaltungsweg festgestellt werden.

I. Gerichtliches Dokumentenverfahren

1. Zulässigkeit

Hatte das kirchliche Gesetzbuch von 1917 die Möglichkeit eines Dokumentenprozesses auf einzelne Ehehindernisse eingeschränkt, nämlich auf Religionsverschiedenheit, Weihe, feierliche Gelübde, bestehendes Eheband, Blutsverwandtschaft, Schwägerschaft und geistliche Verwandtschaft[1] (can. 1990 CIC/1917), so hatte schon das Motu proprio *„Causas matrimoniales"* vom 28. März 1971[2] in Nr. X den Anwendungsbereich des Dokumentenprozesses auf alle Ehehindernisse wie auch auf den Mangel der kanonischen Eheschließungsform und den Mangel des Auftrags bei der Eheschließung durch Stellvertreter erweitert.

In Aufnahme dieser Regelung sieht der CIC von 1983 in c. 1688 die Zulässigkeit des Dokumentenprozesses vor bei:

1. Vorliegen eines trennenden Ehehindernisses,
2. Mangel der rechtmäßigen Eheschließungsform,
3. Eheschließung durch Stellvertretung ohne gültigen Auftrag für den Stellvertreter seitens der vertretenen Person.

---

[1] Das Ehehindernis der geistlichen Verwandtschaft *(cognatio spiritualis)* gibt es nach geltendem Recht der Lateinischen Kirche nicht mehr – anders als nach dem Recht der katholischen orientalischen Kirchen (vgl. c. 811 CCEO); vgl. hierzu Felix Bernard, *Geistliche Verwandschaft,* in: LThK³ IV (1995) 396.

[2] AAS 63 (1971) 441–446, hier: 445.

Vorausgesetzt ist in allen Fällen zum einen, daß sich der Ehenichtigkeitsgrund mit Sicherheit, genauer gesagt: mit der auch ansonsten für die Urteilsfindung genügenden moralischen Gewißheit, aufgrund eines Dokuments beweisen läßt, gegen das kein Widerspruch und keine Einrede erhoben werden kann; zum anderen muß ebenfalls klar sein, daß im Fall eines Ehehindernisses oder des Mangels der kanonischen Form keine Dispens erteilt worden ist.

Wie schon Klaus Mörsdorf festgestellt hatte, ist die Erweiterung der Zulässigkeit des Dokumentenprozesses auf alle trennenden Ehehindernisse nicht ganz unproblematisch.[3] In Betracht kommen nur solche Ehehindernisse, die sich mit Sicherheit aus Dokumenten beweisen lassen. Das gilt ohne weiteres vom Ehehindernis des fehlenden Mindestalters, der Blutsverwandtschaft und der gesetzlichen Verwandtschaft. Das kann darüber hinaus aber u. U. auch der Fall sein beim Ehehindernis des Gattenmordes (z. B. bei Vorliegen eines Strafurteils)[4] und beim Ehehindernis der öffentlichen Ehrbarkeit, wenn dieses auf einer rein weltlich-rechtlichen Trauung beruht.[5]

Eine Nichtigerklärung auf dem Wege des Dokumentenprozesses wegen eines Mangels der kanonischen Eheschließungsform ist ebenfalls nicht in jedem Fall möglich, sondern nur, wenn der Mangel der Eheschließungsform sicher feststeht. Das ist ohne weiteres der Fall, wenn keine Eheschließung in der katholischen Kirche stattgefunden hat[6] oder wenn der assistierende „Geistliche" tatsächlich nicht gültig geweiht gewesen sein sollte und dies

---

[3] Vgl. MÖRSDORF, *Lb*[11] III, 253 f.

[4] Das setzt allerdings voraus, daß die Kirche Vertrauen in die staatliche Gerichtsbarkeit hat. – Ob das immer und überall möglich ist, kann man wohl bezweifeln.

[5] Der Päpstliche Rat für Gesetzestexte geht in Art. 297 § 1 DC davon aus, daß auch das Vorliegen des Ehehindernisses der Impotenz aus einem Dokument hervorgehen kann, mahnt aber in diesem Fall zu besonders vorsichtiger Vorgehensweise.

[6] In diesem Fall ist noch nicht einmal ein Dokumentenverfahren notwendig, siehe unten S. 33 (vgl. auch Art. 297 § 2 i. V. m. Art. 5 § 3 DC).

in einem kirchlichen Verfahren festgestellt worden ist.[7] Wenn es
jedoch lediglich um die Frage der fehlenden Trauungsbefugnis
nach cc. 1108–1111 CIC geht, ist ein Dokumentenverfahren nicht
möglich, da die verschiedenen Wege einer Delegation zur Trauung (schriftlich, mündlich oder durch konkludentes Handeln)
nicht einfach auf dem Dokumentenweg überprüft werden können
und zudem stets die Frage einer eventuellen Suppletion der Trauungsbefugnis (c. 144 CIC) genau zu prüfen ist. Deswegen verlangt Art. 297 § 1 DC eine besonders sorgfältige Voruntersuchung durch den Gerichtsvikar bzw. den beauftragten Richter,
„damit der Fall nicht leichtfertig oder mutwillig zum Urkundenverfahren zugelassen wird. "

Das Fehlen eines gültigen Auftrags zur Eheschließung durch
Stellvertretung ist in der Praxis kaum einmal von Belang, weil
Eheschließungen durch Stellvertretung heutzutage so gut wie nicht
stattfinden.[8] Wenn aber aus den Trauungsunterlagen hervorgeht,
daß die Bedingungen des c. 1105 CIC nicht erfüllt worden sind,
kann die Ungültigkeit der so geschlossenen Ehe im Dokumentenprozeß festgestellt werden.

2. Zuständigkeit

Auch in der Frage der Zuständigkeit hat sich ein Wandel gegenüber der früheren Rechtslage ergeben, insofern sowohl der
CIC/1917 (can. 1990) als auch das Motu proprio „Causas matrimoniales" (Nrn. X und XI) die Entscheidung im Dokumentenverfahren dem Ordinarius[9] zugewiesen haben, während der CIC von

---

[7] Die Eheschließungsassistenz durch einen Laien ist nach c. 1112
CIC nur unter einschränkenden Bedingungen möglich.

[8] Im allgemeinen Recht der katholischen Ostkirchen ist eine Eheschließung durch Stellvertreter nicht vorgesehen (c. 837 § 2 CCEO); das
wäre auch für das Lateinische Kirchenrecht die angemessene Lösung.
Vgl. AYMANS – MÖRSDORF, *KanR* III, § 139: A II.

[9] Nach Entscheidung des PCI vom 6. Februar 1943 war für Dokumentenverfahren der Generalvikar weder zuständig noch konnte er hierfür mit einer Sondervollmacht ausgestattet werden; vgl. AAS 36 (1944)
94. Hiernach konnte ausschließlich der Diözesanbischof persönlich ein
Dokumentenverfahren durchführen.

1983 auch das Dokumentenverfahren klar als ein Gerichtsverfahren versteht, das daher vom Diözesanbischof,[10] vom Gerichtsvikar oder einem dazu bestimmten Richter[11] durchzuführen ist (c. 1688 CIC).

Als Richter in einem Dokumentenverfahren kommt jedoch nur ein Kleriker in Betracht, weil ein Laie nach der Rechtslage des CIC nur „bei der Bildung eines Kollegialgerichtes herangezogen werden kann" (c. 1421 § 2 CIC). Daran ändert auch die 2015 novellierte Rechtslage nach c. 1673 § 3 CIC nichts, da auch hier nur von der Bildung des Richterkollegiums die Rede ist. Da im Dokumentenverfahren aber nur ein Einzelrichter und eben kein Kollegium tätig ist, ist c. 1421 § 1 CIC einschlägig, wonach die Diözesanrichter Kleriker sein müssen.

Die Klageschrift geht nach c. 1676 CIC beim Diözesangericht ein. Daher dürfte wohl der Gerichtsvikar darüber zu entscheiden haben, ob der Diözesanbischof, der dazu bestellte Richter oder er selbst das Dokumentenverfahren durchführt. Der Diözesanbischof kann diesbezüglich eine grundsätzliche Regelung treffen; wenn aber ein Richter für Dokumentenverfahren bestellt ist, dürfte es selbstverständlich sein, daß er diese Verfahren grundsätzlich zu übernehmen hat, sofern nichts dagegen steht (z. B. Überlastung des Richters oder Befangenheit). Es ist jedenfalls Sache des Gerichtsvikars zu entscheiden, ob in einer bestimmten Ehesache ein Dokumentenverfahren durchgeführt werden kann oder nicht; er hat die hierfür geforderten Voraussetzungen zu prüfen.

Für die Zuständigkeit zur Behandlung von Dokumentenverfahren gilt dasselbe, was auch für Ehenichtigkeitssachen ansonsten gilt (vgl. Art. 21 RP):[12] Zuständig ist der Diözesanbischof, der Gerichtsvikar oder der dafür bestellte Richter des Gerichts des Eheschließungsortes oder des Wohnsitzes oder Quasiwohnsitzes einer der Privatparteien.

---

[10] Die Ergänzung des Diözesanbischofs als möglicher Richter im Dokumentenverfahren entspricht dem Anliegen von Papst Franziskus, daß der Bischof die richterliche Tätigkeit auch persönlich ausüben soll; vgl. MP *„Mitis Iudex Dominus Iesus"* 959 f.

[11] Wer diesen Richter dafür bestimmt, ist im Gesetz nicht geregelt; daher kommt diesbezüglich sowohl der Diözesanbischof als auch der Gerichtsvikar in Betracht; so auch der *Sussidio applicativo* 43.

[12] Vgl. auch *Sussidio applicativo* 43.

Der Ort, an dem die meisten Beweise zu erheben sind, kommt in einem Dokumentenverfahren deshalb nicht als Zuständigkeitsgrund in Betracht, weil neben den vorzulegenden Dokumenten keine weiteren Beweise zu erheben sind.

3. Vorgehensweise

Der Dokumentenprozeß stellt ein Kurzverfahren dar, d. h. es sind nur die wesentlichen prozessualen Normen einzuhalten; alle darüber hinausgehenden Förmlichkeiten des ordentlichen Verfahrens können wegfallen. Die Beteiligung eines Notars am Verfahren ist aber selbstverständlich erforderlich (vgl. c. 1437 § 1 CIC).

Das Dokumentenverfahren wird eingeleitet durch einen Klageantrag *(petitio;* c. 1688 CIC). Auch im Dokumentenverfahren hat neben den Partnern aus der betreffenden Ehe selbst der Kirchenanwalt das Klagerecht (vgl. c. 1674 § 1 n. 2 CIC).[13] Der Gerichtsvikar hat zunächst zu prüfen, ob die Voraussetzungen für die Durchführung eines Dokumentenprozesses nach c. 1688 CIC gegeben sind.[14] Die Instruktion für die Ehenichtigkeitsverfahren *„Dignitas Connubii"* von 2005 hatte in Art. 297 § 1 ausdrücklich darauf hingewiesen, daß das Ehehindernis der Impotenz und der Mangel der rechtmäßigen Eheschließungsform nur selten aus einem unbestreitbaren Dokument hervorgehen kann, und daher verlangt, daß vor Annahme der Klageschrift eine sorgfältige Voruntersuchung durchgeführt werden müsse. Wenn der Gerichtsvikar zur Überzeugung gelangt, daß die Voraussetzungen für einen Dokumentenprozeß nicht gegeben sind, hat er zunächst zu prüfen, ob die Sache im Kurzverfahren vor dem Diözesanbischof behandelt werden kann; sonst muß er sie auf den ordentlichen Gerichtsweg bringen.[15] Sofern jedoch ein gerichtliches Dokumentenverfahren durchgeführt werden kann, sind vom Diözesanbischof

---

[13] Vgl. auch Art. 295 i. V. m. Art. 114 und Art. 92 n. 2 DC.

[14] *Dignitas Connubii* (Art. 296 § 2) hat die Prüfung der sachlichen Voraussetzungen für die Durchführung des Dokumentenverfahrens auch dem beauftragten Richter zugewiesen. Das aber ist nicht gut möglich, da dieser nur dann die Klageschrift in Händen halten kann, wenn der Gerichtsvikar entschieden hat, daß ein Dokumentenverfahren möglich ist.

[15] So auch Art. 296 § 2 DC.

bzw. vom Gerichtsvikar oder dem damit beauftragten Richter die Privatparteien und der Bandverteidiger, ggf. auch der Kirchenanwalt, zum Verfahren zu laden und zur Sache zu hören. Ist der Richter mit moralischer Gewißheit davon überzeugt, daß die Ehe ungültig ist, so kann er dies durch Urteil feststellen (c. 1688 CIC).

Bei begründeten Zweifeln an der Richtigkeit der Entscheidung im Urkundenverfahren hat der Bandverteidiger die Pflicht *("appellare debet")*, Berufung an den Richter der zweiten Instanz einzulegen (c. 1689 § 1 CIC). Ebenso kann die Partei, die sich beschwert fühlt, Berufung einlegen (c. 1689 § 2 CIC). Für die Einlegung der Berufung gilt die Nutzfrist von 15 Tagen nach c. 1630 § 1 CIC. Auch in der zweiten Instanz wird ein Einzelrichter tätig.[16] Diesem sind die Gerichtsakten mit dem schriftlichen Hinweis zu übersenden, daß es sich um einen Dokumentenprozeß handelt (c. 1689 § 1 CIC). Er kann unter Beteiligung des Ehebandverteidigers und nach Anhören der Parteien (ggf. auch des Kirchenanwalts) entweder das Urteil des erstinstanzlichen Richters bestätigen oder entscheiden, daß auf dem ordentlichen Verfahrensweg vorzugehen ist; im letztgenannten Fall geht die Angelegenheit an das Gericht der ersten Instanz zur Entscheidung zurück (c. 1690 CIC).

Die auf dem Wege des Dokumentenprozesses erfolgte Feststellung der Nichtigkeit der Ehe hat dieselbe Wirkung wie das affirmative Urteil im Ehenichtigkeitsverfahren. Nach Ablauf der Frist für die Einlegung und ggf. Verfolgung der Berufung bzw. nach Bestätigung des Urteils durch den Richter der zweiten Instanz kann die Entscheidung im Ehe- und im Taufregister eingetragen werden.

II. Nichtigerklärung auf dem Verwaltungsweg

Wenn Katholiken eine Ehe ohne Wahrung der kanonischen Eheschließungsform und ohne Dispens von der Formpflicht eingehen,

---

[16] Hier geht die *„norma specialis"* des c. 1690 CIC der *„norma generalis"* des c. 1673 § 5 CIC vor.

kommt diese nicht gültig zustande (vgl. c. 1117 CIC), sofern
nicht die Voraussetzungen für eine Noteheschließung gegeben
sind (vgl. c. 1116 CIC). Bei der Eheschließung von Katholiken
nur vor einem weltlichen Amtsträger oder einem Amtsträger einer
nichtkatholischen Konfession oder Religion entsteht noch nicht
einmal der Anschein einer Ehe, d. h. es kommt noch nicht einmal
eine Putativehe zustande;[1] die so begründete Gemeinschaft genießt
daher nicht den *favor iuris* der Ehe.[2] Deshalb ist die Durchführung eines kirchlichen Prozesses, auch in der Gestalt des Dokumentenprozesses, nicht erforderlich. Die Ungültigkeit der Ehe ist
offensichtlich, und zu ihrer Feststellung sind weder gerichtliche
Förmlichkeiten noch die Beteiligung des Ehebandverteidigers notwendig; sie geschieht entsprechend der Entscheidung des Päpstlichen Rates für Gesetzestexte vom 26. Juni 1984[3] vielmehr auf
dem Verwaltungsweg im Rahmen der Feststellung des *status liber*
nach den cc. 1066 und 1067 CIC (vgl. auch Art. 5 § 3 DC).[4] Die

---

[1] Vgl. die Authentische Interpretation zu can. 1015 § 4 CIC/1917
vom 26. Januar 1949, in: AAS 41 (1949) 158.

[2] Vgl. zum Ganzen Bruno Primetshofer, *Die kanonistische Bewertung der Zivilehe,* in: ders., Ars boni et aequi. Gesammelte Schriften,
hrsg. von Josef Kremsmair – Helmuth Pree, Berlin 1997 (KStuT 44),
793–820; Aymans – Mörsdorf, *KanR* III, § 133: C III e; § 134.

[3] Päpstliche Bestätigung vom 11. Juli 1984: AfkKR 153 (1984)
453 f. Eine ausdrückliche Regelung der Nichtigerklärung auf dem Verwaltungsweg findet sich im CIC nicht. Die authentische Interpretation zu
c. 1066, 1067 und 1686 CIC i. d. F. 1983 gilt auch nach der Novellierung von 2015 weiter; vgl. Schreiben des Päpstlichen Rates für Gesetzestexte vom 18. November 2015, Prot.N. 15182/2015, publiziert:
http:// www . delegumtextibus . va / content / testilegislativi / it / risposte -
particolari / procedure - per - la - dichiarazione - della - nullita - matrimoniale .
html.

[4] Zur Vorgehensweise in Deutschland vgl. Heinrich J. F. Reinhardt,
*Die kirchliche Trauung. Ehevorbereitung, Trauung und Registrierung
der Eheschließung im Bereich der Deutschen Bischofskonferenz. Texte
und Kommentar,* Essen ²2006, 123–128; zu Österreich vgl. *Wegweiser
zur Führung der Pfarrmatriken,* hrsg. vom Generalsekretariat der Österreichischen Bischofskonferenz, gültig ab 1. Jänner 2011, 14/28.

Möglichkeit der Nichtigerklärung der nicht katholisch geschlossenen Ehe auf dem Verwaltungsweg gilt auch für jene Katholiken, die nur vor dem weltlichen Amtsinhaber die Erklärung ihres „Kirchenaustritts" abgegeben haben.[5]

---

[5] Vgl. Schreiben des Päpstlichen Rates für die Gesetzestexte vom 14. 4. 2010, N. 12309/2010, abgedruckt in: *Zugehörigkeit zur katholischen Kirche. Kanonistische Klärungen zu den pastoralen Initiativen der Österreichischen Bischofskonferenz*, Wien 2010 (Die Österreichischen Bischöfe 10) 7 f., hier: 8; hierzu LUDGER MÜLLER, *Konsequenzen des weltlich-rechtlichen Kirchenaustritts im kirchlichen Eherecht? Thesen zur Reform einer Reform*, in: ebd. 62–75, hier: 69. Zu anderen Ergebnissen kommt zum Teil die ausführliche Untersuchung von GERALD GRUBER, *Actu formali ab Ecclesia Catholica deficere. Zur Problematik des vor staatlicher Stelle vollzogenen Kirchenaustritts vor dem Hintergrund des Zirkularschreibens des Päpstlichen Rates für die Gesetzestexte vom 13. März 2006 und der Erklärung der Österreichischen Bischofskonferenz zum Kirchenaustritt vom März 2007*, Bonn 2009. Durch die nachfolgende Gesetzesänderung Papst BENEDIKTS XVI. (MP „*Omnium in mentem*" vom 26. Oktober 2009, in: AAS 102 [2010] 8–10) fühle ich mich in meiner Ansicht bestätigt.

F. Das Kurzverfahren vor dem Diözesanbischof

Zu den in besonderer Weise beachtenswerten Neuerungen, die durch die Motuproprien „*Mitis Iudex Dominus Iesus*" und „*Mitis et misericors Iesus*" vom 15. August 2015 in das kanonische Ehenichtigkeitsverfahren eingefügt wurden, zählt die Möglichkeit eines Kurzverfahrens vor dem Bischof. Diese Möglichkeit wurde für die gesamte Kirche geschaffen, auch für solche Teilkirchen, in denen es eine ausgebaute kirchliche Gerichtsbarkeit gibt und in denen daher die Notwendigkeit eines solchen Kurzverfahrens nicht so sehr zu bestehen scheint als in solchen Teilkirchen, deren Bischof nur mit Mühe ein eigenes Gericht u. U. sogar mit weniger qualifiziertem Personal errichten kann, oder in Teilkirchen, die mit anderen Teilkirchen ein gemeinsames Gericht haben und in denen es möglicherweise durch die Notwendigkeit der Kooperation und die räumliche Entfernung zwischen Gläubigen und Gericht zu Verzögerungen kommen kann. Die förmliche grundsätzliche Entscheidung eines Bischofs, das Kurzverfahren nie durchzuführen, stünde jedoch im Widerspruch zum geltenden Gesetzesrecht von „*Mitis Iudex Dominus Iesus*" bzw. „*Mitis et misericors Iesus*". Dennoch kommt das Kurzverfahren nur unter bestimmten einschränkenden Bedingungen in Betracht.

I. Voraussetzungen für die Durchführung des Kurzverfahrens

Das Kurzverfahren vor dem Diözesanbischof kann nur durchgeführt werden, wenn durch das Vorliegen zweier Voraussetzungen sichergestellt ist, daß das Ziel des Kurzverfahrens erreicht und die Nichtigkeit der betreffenden Ehe tatsächlich innerhalb weniger Wochen festgestellt werden kann. C. 1683 CIC verlangt Folgendes:

1. Entweder beide an der betreffenden (Putativ-)Ehe beteiligten Partner müssen gemeinsam den Klageantrag vorlegen oder der nichtklagende Teil muß der Klage zumindest zustimmen.
   Wenn die Klageschrift nur von einer der Parteien unterschrieben wurde, der Gerichtsvikar die Sache aber für eine Behand-

lung im Kurzverfahren für geeignet hält, soll er die nichtklagende Partei befragen, ob sie der Klage beitreten und in dieser
Weise am Verfahren teilnehmen möchte. Wenn die nichtklagende Partei dies bejaht und die Klageschrift den Bedingungen
des c. 1684 CIC nicht entspricht, soll er die Partei, welche die
Klageschrift unterschrieben hat – ggf. beide Parteien – dazu
auffordern, diese sobald wie möglich zu ergänzen (Art. 15
RP).

Die gemeinsame Verfolgung des Klageinteresses durch beide
Partner der als ungültig behaupteten Ehe kann vielleicht als ein
erstes (allerdings schwaches) Indiz dafür angesehen werden,
daß die Ehe tatsächlich ungültig gewesen sein dürfte. Durch
die gemeinsame Klage ist des weiteren die Gefahr eher gering,
daß es zu Auseinandersetzungen zwischen den Privatparteien
kommt, die ja eine Verzögerung des Verfahrens zur Folge haben könnten – und jede Verzögerung widerspricht dem Sinn
eines Kurzverfahrens.

2. Die Sache muß so gelegen sein, daß innerhalb einer Frist von
   wenigen Wochen eine Nichtigerklärung möglich ist.[1] Papst
   Franziskus formulierte daher diese Voraussetzung generell so,
   daß das abgekürzte Ehenichtigkeitsverfahren vor dem Diözesanbischof „in jenen Fällen anzuwenden ist, in denen die in
   der Klage behauptete Ungültigkeit der Ehe die Stütze besonders einleuchtender Argumente für sich hat."[2] C. 1683 n. 2
   CIC formuliert diese sachliche Voraussetzung so, daß „sachliche und[3] persönliche Umstände zusammenkommen" müssen,

---

[1] Daß das Kurzverfahren nur in Betracht kommt, wenn eine schnelle
Beweisführung möglich ist, zeigt auch die Formulierung der Römischen
Rota: *„Questa forma di processo è di applicarsi nei casi in cui l'accusa-*
ta nullità del matrimonio è sostenuto dalla domanda congiunta dei con-
iugi e da argomenti evidenti, essendo le prove della nullità matrimoniale
di rapida dimostrazione" (*Sussidio applicativo* 11).

[2] *„Mitis Iudex Dominus Iesus"* 960.

[3] Die deutsche Übersetzung dieses Textes auf der Internet-Seite des
Vatikans übersetzt hier: „oder". Es müssen aber s o w o h l sachliche
a l s a u c h persönliche Umstände (z. B. die Qualität eventueller Zeugen) zusammenkommen, damit das Kurzverfahren zulässig ist.

„die von Zeugenaussagen *(‚testimoniis')*[4] oder Beweismitteln gestützt werden, welche eine genauere Untersuchung oder Nachforschung nicht erfordern und die Ungültigkeit offenkundig *(‚manifestam')* machen."

Erläuternd heißt es hierzu in der in *„Mitis Iudex Dominus Iesus"* enthaltenen *„Ratio procedendi"* in Art. 14 § 1: „Unter den sachlichen und persönlichen Umständen, die es nahelegen, die Ehenichtigkeitssache auf dem Weg des Kurzverfahrens nach den cc. 1683–1687 zu behandeln, werden beispielsweise aufgezählt: jener Glaubensmangel, der eine Simulation des Konsenses oder einen willensbestimmenden Irrtum hervorbringen kann; die kurze Dauer des ehelichen Zusammenlebens; die zur Verhinderung von Nachkommenschaft vorgenommene Abtreibung; das beharrliche Verbleiben in einer außerehelichen Beziehung zur Zeit der Eheschließung oder unmittelbar danach; das arglistige Verschweigen von Unfruchtbarkeit oder einer schweren ansteckenden Krankheit oder von Kindern aus einer vorhergehenden Beziehung oder eines Aufenthalts im Gefängnis; ein dem ehelichen Leben völlig fremder Grund für die Eheschließung oder die unerwartete Schwangerschaft der Frau; Ausübung physischer Gewalt zur Erzwingung des Konsenses; der durch ärztliche Dokumente bewiesene mangelnde Vernunftgebrauch usw."

Die hier aufgezählten Umstände, die ein Kurzverfahren zulassen, waren bisher z. T. lediglich als *Indizien* für das Vorliegen einer Ungültigkeit der Ehe anerkannt, wie z. B. die kurze Dauer der Ehe[5] oder der mangelnde Glaube.[6] Daß manche der

---

[4] Das Wort *„testimonium"* meint im Zusammenhang des kanonischen Prozeßrechts die Zeugenaussage (vgl. cc. 1550 § 1; 1554; 1566; 1567 § 1; 1572 und die Überschrift vor c. 1572 CIC). Die Übersetzung mit „Zeugnis" – wie auf www.vatican.va – ist zu allgemein. KLAUS LÜDICKE vermutet – ohne Begründung, aber gegen die einheitliche und eindeutige Rechtssprache des CIC/1983 –, daß mit *„testimonia"* „Schriftstücke gemeint sein" dürften: *MünstKomm* 1683/2, RNr. 5.

[5] Vgl. hierzu z. B. MARGIT WEBER, *Die Totalsimulation. Eine Untersuchung aufgrund der Rechtsprechung der Römischen Rota,* St. Ottilien 1994 (MthSt-Kan.Abt 45), 159–161.

[6] Zum Unglauben als Indiz für die Ungültigkeit der Ehe vgl. HANS ARMBRUSTER, *Der Ehewille evangelischer Christen im Lichte des kanoni-*

hier genannten Indizien selbstverständlich nicht ausreichen, um ein Urteil über die Ungültigkeit der Ehe zu fällen, liegt auf der Hand. So ist das Indiz „unerwartete Schwangerschaft der Frau" keineswegs so geartet, daß eine unter diesen Umständen geschlossene Ehe ungültig sein *muß;* entsprechendes gilt für das Vorliegen einer ansteckenden schweren Krankheit. Andere Indizien setzen eine gründliche Untersuchung voraus, wie das Vorliegen eines „Mangels an Glauben, der die Simulation des Konsenses oder einen Irrtum hervorbringen kann, der den Willen bestimmt". Auch Klaus Lüdicke kommt im Blick auf Art. 14 RP zu dem Ergebnis: „… in den meisten Fällen reicht die Verifizierung des einfachen Faktums des angeführten Umstandes nicht aus, um den Tatbestand des betreffenden Nichtigkeitsgrundes sicherzustellen."[7]

Die Entscheidung über die Wahl des Kurzverfahrens obliegt dem Gerichtsvikar (c. 1676 § 2 CIC). Er hat abzuwägen, ob die o. g. Voraussetzungen vorliegen. Hierbei muß er sich vor zwei Extremen hüten: Einerseits darf er nicht verlangen, daß zu Beginn des Kurzverfahrens der Beweis für die Nichtigkeit der Ehe schon im vollen Umfang vorliegt; es gibt im Lauf des Verfahrens auch noch Vernehmungen, die den Klagegrund bekräftigen können – diese Bestätigung muß aber von vorneherein mit hoher Sicherheit zu erwarten sein –; andererseits muß die Ungültigkeit der Ehe aber „offenkundig" sein (c. 1683 n. 2 CIC).
    Wenn der Gerichtsvikar entscheidet, daß das Kurzverfahren vor dem Bischof durchzuführen ist, hat der Bischof nach den Normen von *„Mitis Iudex Dominus Iesus"* keine Möglichkeit, den richterlichen Dienst zu verweigern.[8] Die Aufgabe des Bischofs liegt lediglich im Urteil über die Ehesache, nicht aber in der Leitung des Verfahrens.

---

schen *Prinzips der Unauflöslichkeit der Ehe,* München 1959 (MthSt-Kan. Abt. 12), 97 unter Berufung auf die Rota-Judikatur der 1940er Jahre.
    [7] *MünstKomm* 1683/6, RNr. 7.
    [8] Vgl. auch DENNEMARCK, *Der Diözesanbischof als „milder Richter"?* 283. Dennemarck hält diese Rechtslage insofern für „außergewöhnlich …, als der Gerichtsvikar über den Bischof entscheidet" (ebd.).

Daß der Bischof selbst in diesen Verfahren als Richter tätig werden soll, begründet Papst Franziskus mit den folgenden Worten:

„Es ist Uns allerdings nicht verborgen geblieben, in welche Gefahr das Prinzip der Unauflöslichkeit der Ehe aufgrund des abgekürzten Verfahrens gebracht werden könnte; aus eben diesem Grund haben Wir gewollt, daß der Bischof selbst in diesem Prozeß als Richter eingesetzt sei, der in Glaube und Disziplin für die katholische Einheit mit Petrus um seines Hirtendienstes[9] willen im höchsten Maße Sorge trägt."[10]

Die Argumentation lautet also: Durch das abgekürzte Verfahren kann die Unauflöslichkeit der Ehe in Gefahr geraten. Deshalb soll der Bischof entscheiden, der gegenüber seiner Teilkirche „Prinzip und Fundament der Einheit" (LG 23, 1) der katholischen Kirche ist. Daß auf diese Weise nicht die fachliche Qualifikation derjenigen mißachtet werden soll, die den Diözesanbischof im Bereich der Rechtsprechung in ordentlicher Weise vertreten,[11] kann vielleicht dadurch deutlich werden, daß der Bischof nur das Urteil zu fällen, nicht aber über die Wahl des abgekürzten Verfahrens zu entscheiden und das Verfahren zu leiten hat. Durch die Schaffung des abgekürzten Verfahrens vor dem Diözesanbischof kann jedenfalls bewirkt werden, daß der Bischof nicht nur mit der Aufgabe der Verwaltung der Diözese, sondern jetzt vielleicht auch öfter mit jener der Gerichtsbarkeit in Kontakt kommt.

---

[9] Auch im lateinischen Urtext wird nicht klar, ob hier der Hirtendienst des Petrus oder (wahrscheinlicher) jener des Bischofs gemeint ist.

[10] MP *„Mitis Iudex Dominus Iesus"* 960.

[11] Zu Unrecht wird im Motu Proprio *„Mitis Iudex Dominus Iesus"* (960) in diesem Zusammenhang vom *„delegierten"* Richteramt gesprochen. Der Gerichtsvikar und das Diözesangericht handeln aber (zumindest im Regelfall) nicht mit d e l e g i e r t e r Gewalt *(potestas delegata),* sondern mit o r d e n t l i c h e r s t e l l v e r t r e t e n d e r Gewalt *(potestas ordinaria vicaria).*

II. Vorgangsweise

1. Erfordernisse der Klageschrift

Für die Klageschrift im abgekürzten Verfahren gelten selbstverständlich die in c. 1504 CIC genannten Erfordernisse. An die Stelle der Regelung des c. 1504 n. 2 CIC tritt jedoch die etwas andere Regelung des c. 1684 CIC. Die Angabe der Tatsachen und Beweismittel „wenigstens allgemein" reicht im abgekürzten Verfahren nicht aus; vielmehr müssen die Tatsachen, auf die sich die Klage stützt, „kurz, vollständig und deutlich *(perspicue)*" angegeben werden, die anzugebenden Beweise müssen so geartet sein, daß sie der Richter „sogleich *(statim)* sammeln" kann, und eventuelle Urkunden, auf die sich die Klage stützt, sind mit der Klageschrift im Anhang vorzulegen.

Diese Anweisungen sollen natürlich der Schnelligkeit des Verfahrens dienen. Wenn diese zwingenden[1] Voraussetzungen mit der Klageschrift nicht erfüllt sind und ein eventueller Verbesserungsauftrag nicht zu einer c. 1684 CIC entsprechenden Klageschrift führt, kann die Klage nicht auf dem Weg des abgekürzten Verfahrens behandelt werden.

2. Beteiligte Personen

Außer dem Bischof, der das Urteil zu fällen hat, und dem Gerichtsvikar, der das Verfahren leitet, sowie selbstverständlich dem Ehebandverteidiger, der an jedem Eheverfahren zu beteiligen ist (vgl. cc. 1433 und 1434 CIC), wirken zwingend ein Untersuchungsrichter *(„instructor")* und ein Beisitzer *(„assessor")* am Kurzverfahren mit (vgl. c. 1685 CIC).

Die Beteiligung des Kirchenanwalts am abgekürzten Verfahren ist nicht möglich, weil ein solches nur zustandekommt, wenn beide Ehepartner oder einer von beiden mit Zustimmung des anderen Klage erhebt (vgl. c. 1683 n. 1 CIC). Die Klage des Kirchenanwalts kann daher nicht zum Kurzverfahren führen.

---

[1] Vgl. das Verb „*debet*" in c. 1684 CIC, das in der Regel eine zwingende Rechtsvorschrift zum Ausdruck bringt.

Wie in der *Ratio procedendi* gelegentlich erwähnt wird,[2] wirkt auch ein Notar am Kurzverfahren mit. Das ergibt sich schon zwingend aus c. 1437 § 1 CIC, wonach der Notar an jedem Prozeß mitwirken muß, „so daß Prozeßniederschriften nichtig sind, wenn sie nicht von ihm unterzeichnet sind." Auch das Kurzverfahren vor dem Bischof ist ein Prozeß.[3]

Die Aufgabe des Untersuchungsrichters liegt in der Durchführung der Beweiserhebung (c. 1686 CIC). Der Beisitzer und der Untersuchungsrichter gemeinsam beraten den Bischof bei der Urteilsfindung (c. 1687 § 1 CIC). Für beide Aufgaben werden im Gesetz keine besonderen Qualifikationen genannt. Der *Sussidio applicativo* der Römischen Rota[4] verweist bezüglich des Untersuchungsrichters auf c. 1428 § 2 CIC, wo die Qualifikationen für den Vernehmungsrichter[5] geregelt sind, und bezüglich des Beisitzers auf c. 1424 CIC über den Beisitzer des Einzelrichters im ordentlichen Verfahren. Sowohl Untersuchungsrichter als auch Beisitzer können daher Kleriker wie Laien sein, die selbstverständlich gut beleumundet sein müssen. Die Tätigkeit von Laien als Untersuchungsrichter und Beisitzer ist unproblematisch, da beide Aufgaben den Besitz von *sacra potestas* nicht verlangen, sondern nur eine Form von Mitwirkung an der Ausübung der *sacra potestas* durch den Bischof gemäß c. 129 § 2 CIC darstellen.

Für den Untersuchungsrichter, und nur für ihn, werden von der Römischen Rota außerdem Klugheit und Fachkenntnisse

---

[2] Vgl. Art. 18 § 2; Art. 20 § 2 RP.

[3] Vgl. die Überschrift vor c. 1683 CIC: *„De p r o c e s s u matrimoniali breviore coram Episcopo".*

[4] *Sussidio applicativo* 38.

[5] Nicht nachzuvollziehen ist, warum für dieselbe Funktion im Kurzverfahren nicht der Ausdruck „Vernehmungsrichter" *(„auditor"),* sondern „Untersuchungsrichter *(„instructor")* verwendet wurde. Dieser Begriff wird ansonsten nur im Zusammenhang mit dem Verfahren zur Auflösung der Ehe wegen Nichtvollzugs verwendet (vgl. c. 1704 §§ 1–2 CIC), das allerdings keinen gerichtlichen Prozeß darstellt. Im Nichtvollzugsverfahren führt der Untersuchungsrichter lediglich eine gerichtliche Voruntersuchung durch, die zu einer Verwaltungsentscheidung des Papstes führt. Zu den Begriffen *„auditor"* und *„instructor"* vgl. Klaus Mörsdorf, *Die Rechtssprache des Codex Juris Canonici. Eine kritische Untersuchung,* Paderborn 1937 (Nachdruck: 1967), 303 f.

(*„prudenza e dottrina"*) gefordert.[6] Es ist allerdings offensichtlich, daß auch der Rat des Beisitzers nur dann für den Bischof wertvoll sein kann, wenn der Beisitzer ebenfalls über Klugheit und Fachkenntnisse verfügt.

Die Ernennung von Untersuchungsrichter und Beisitzer obliegt dem Gerichtsvikar (c. 1685 CIC), der sich auch selbst zum Untersuchungsrichter ernennen kann (Art. 16 RP).[7] Es steht ebenfalls nichts dagegen, daß der Gerichtsvikar (lediglich) als Beisitzer an der Urteilsfindung mitwirkt.

3. Beweiserhebung

Die Ernennung von Untersuchungsrichter und Beisitzer geschieht in demselben Dekret, mit dem der Gerichtsvikar die Streitfrage festlegt und zugleich alle zu einer Gerichtssitzung lädt, die daran teilnehmen müssen, d. h. die Partner aus der strittigen Ehe, den Ehebandverteidiger und, sofern nötig, die Zeugen. Diese Sitzung muß spätestens 30 Tage nach dem Dekret der Streitfestlegung stattfinden (c. 1685 CIC). In diesem Dekret ist den Parteien, d. h. den Eheleuten und dem Ehebandverteidiger, mitzuteilen, daß sie bis drei Tage vor der Sitzung die Fragepunkte für die Vernehmungen von Parteien und Zeugen vorlegen können, sofern die Fragepunkte der Privatparteien nicht der Klageschrift angefügt sind (Art. 17 RP).

Die Sitzung hat den Zweck, alle notwendigen Beweise zu sammeln, sofern dies möglich ist. In dieser Sitzung finden daher auch die Vernehmungen von Parteien und Zeugen statt. Abweichend von der Regelung des c. 1677 § 2 CIC, die für den ordentlichen Ehenichtigkeitsprozeß die Anwesenheit der Partner aus der strittigen Ehe bei den Vernehmungen der anderen Partei und der Zeugen untersagt (vgl. auch c. 1559 CIC), dürfen im Kurzverfahren die Parteien und deren Anwälte an allen Vernehmungen teilnehmen, sofern nicht der Untersuchungsrichter dies aus persönlichen

---

[6] *Sussidio applicativo* 38.

[7] Die Regelung in Art. 16 RP, zweiter Halbsatz, daß der Gerichtsvikar einen Untersuchungsrichter aus jener Diözese bestimmen soll, aus welcher der Ehefall kommt, betrifft mehrdiözesane Gerichte.

oder sachlichen Gründen ausschließt (Art. 18 § 1 RP). Der
grundsätzlich geltende Ausschluß der Privatparteien von der Teilnahme an den Vernehmungen im ordentlichen Verfahren „soll
dazu dienen, einer auch unbewußten Beeinflussung der Vernom-
menen entgegenzuwirken." [8] Diese Gefahr nimmt der Gesetzgeber
bezogen auf das Kurzverfahren offensichtlich in Kauf, zugleich
aber auch den Nachteil, der sich daraus ergibt, daß die Parteien
und Zeugen bei allfälligen Nachvernehmungen nach der Verwei-
sung der Sache auf den ordentlichen Gerichtsweg durch den Bischof die Aussagen der jeweils anderen bereits kennen und dadurch beeinflußt sein dürften.

Die Antworten der Parteien und Zeugen sind vom Notar
sofort schriftlich festzuhalten, jedoch lediglich *zusammengefaßt*
und *strikt* auf das Beweisthema bezogen (Art. 18 § 2 RP) –
anders als in einem ordentlichen Prozeß, in dem das Protokoll
„die Worte der Aussage selbst ... wiedergeben" soll, *„wenigstens*
insoweit ... sie die Prozeßmaterie unmittelbar berühren" (c. 1567
§ 1 CIC). Das hat zur Folge, daß in dem Fall, daß der Bischof
nicht die moralische Gewißheit über das Vorliegen der Ungültigkeit der Ehe findet und die Sache zur Behandlung im ordentlichen
Ehenichtigkeitsverfahren an das Diözesangericht verweist, die
Vernehmungen wiederholt werden müssen, da für das ordentliche
Verfahren die Forderungen des c. 1567 CIC nach umfassen-
der und wortgetreuer Protokollierung der Aussage erfüllt sein
müssen.

Der Untersuchungsrichter muß in der Sitzung eine Frist von
15 Tagen für die Vorlage der Bemerkungen des Ehebandverteidigers und der eventuellen „Verteidigungsschriften" [9] der Parteien
festlegen (c. 1686 CIC). Ein Austausch der jeweiligen Schriftsät-
ze und das „letzte Wort" des Ehebandverteidigers sind nicht vor-

---

[8] AYMANS – MÖRSDORF – MÜLLER, *KanR* IV, 433.

[9] Der Begriff „Verteidigungsschriften" *(„defensiones")* ist hier fehl
am Platz, auch wenn er in der kanonistischen Tradition verankert ist. Es
geht nicht darum, daß sich die Privatparteien irgendwie verteidigen. Die
einzige „Verteidigung" im Ehenichtigkeitsprozeß ist die „Verteidigung
des Ehebandes", also das Nennen aller Umstände, „die vernünftigerweise gegen die Nichtigkeit" der Ehe vorgebracht werden können, was Sache des Ehebandverteidigers ist (c. 1432 CIC).

gesehen. Sonst könnte der knappe Zeitrahmen nicht eingehalten werden. Das kontradiktorische Element, das für Prozesse grundsätzlich charakteristisch ist und der Wahrheitsfindung dient, [10] wird so allerdings erheblich reduziert.

4. Urteil

Die U r t e i l s f ä l l u n g ist Sache des D i ö z e s a n b i s c h o f s , der sich in dieser Aufgabe durch niemanden vertreten lassen kann, [11] denn c. 1687 § 1 CIC, der die Zuständigkeit für das Urteil regelt, spricht eindeutig vom *„episcopus dioecesanus"*.

Hier ist auf die *lex lata in similibus* des c. 134 § 3 CIC zurückzugreifen, wonach im Bereich der kirchlichen Verwaltung das, was ausdrücklich dem Diözesanbischof zugewiesen ist, nur ihm selbst und den ihm nach c. 381 § 2 CIC rechtlich Gleichgestellten zukommt, nicht aber dem General- oder Bischofsvikar. Analog ist zu schließen, daß die dem Diözesanbischof im Bereich der Gerichtsbarkeit ausdrücklich zugewiesenen Kompetenzen weder dem Gerichtsvikar noch dem beigeordneten Gerichtsvikar zukommen. Für die Möglichkeit eines Spezialmandats des Bischofs fehlt im Bereich des gerichtlichen Handelns die notwendige gesetzliche Grundlage.

Eine Vertretung des Diözesanbischofs beim Kurzverfahren würde außerdem ganz klar „der Intention des Papstes insoweit zuwiderlaufen, als dieser es den Diözesanbischöfen mit dem Kurzverfahren ermöglichen will, ihre richterliche Funktion wahrzunehmen." [12]

Zu beachten ist allerdings c. 381 § 2 CIC, wonach auch die Leiter quasidiözesaner Teilkirchen dieselbe Zuständigkeit haben wie der Bischof, „wenn nicht aus der Natur der Sache oder aus einer Rechtsvorschrift etwas anderes hervorgeht." Zu beachten sind ebenfalls die cc. 414 und 427 § 1 CIC; hieraus ergibt sich,

---

[10] Vgl. Frans Daneels, *Das Wesen des Ehenichtigkeitsverfahrens,* in: DPM 14 (2007) 205 – 215, bes. 209 f. im Anschluß an Manuel Jesús Arroba Conde, *Apertura verso il processo amministrativo di nullità matrimoniale e diritto di difesa delle parti,* in: Apollinaris 75 (2002) 745–777, hier: 756.

[11] So auch der *Sussidio applicativo* 40.

[12] Dennemarck, *Der Diözesanbischof als „milder Richter"?* 283.

daß der Diözesanadministrator[13] und derjenige, der für die Leitung der Diözese im Fall der Behinderung des bischöflichen Stuhls bestellt wurde, die Pflichten und Vollmachten eines Diözesanbischofs haben. Diese ggf. priesterlichen Leiter von Teilkirchen können also ebenfalls das Urteil im Kurzverfahren sprechen. Wenn der Gerichtsvikar eines interdiözesanen Gerichts eine Ehesache der Behandlung im Kurzverfahren zugewiesen hat, ist Richter im Kurzverfahren nicht in jedem Fall jener Bischof, welcher der Gerichtsherr des interdiözesanen Gerichts ist; vielmehr richtet sich die Zuständigkeit des Diözesanbischofs nach den Zuständigkeitsregelungen für die Behandlung von Ehenichtigkeitssachen im ordentlichen Verfahren (c. 1672 CIC). Daraus ergibt sich die Zuständigkeit des Diözesanbischofs des Eheschließungsortes, des Wohnsitzes oder Quasiwohnsitzes einer Privatpartei oder des Ortes, von dem anzunehmen ist, daß dort die meisten Beweise zu erheben sind. Wenn mehrere Bischöfe zuständig sind, „soll nach Möglichkeit das Prinzip der Nähe zwischen Parteien und Richter gewahrt werden" (Art. 19 RP),[14] so daß die Zuständigkeit aufgrund des Wohnsitzes oder Quasiwohnsitzes der Parteien einen gewissen Vorrang gegenüber den anderen Zuständigkeitsgründen hat.

Der Bischof hat nur die Möglichkeit, entweder die Nichtigkeit der Ehe festzustellen oder die Ehesache zur Behandlung auf dem ordentlichen Gerichtsweg zu verweisen.[15] Der Bischof kann mithin kein negatives Urteil fällen; er kann also nicht entscheiden, daß die Nichtigkeit der Ehe nicht feststeht. Wenn die Nichtigkeit

---

[13] Derjenige, der die vakante Diözese vor der Bestellung eines Diözesanadministrators leitet, hat dagegen nur die Gewalt eines Generalvikars, der aber für richterliche Funktionen unzuständig ist (vgl. c. 426 CIC).

[14] Dasselbe Prinzip gilt nach Art. 7 § 1 RP auch für den ordentlichen Ehenichtigkeitsprozeß.

[15] C. 1687 § 1 CIC regelt das Folgende: „*Actis receptis, Episcopus dioecesanus ..., si moralem certitudinem de matrimonii nullitate adipiscitur, sententiam* [scil. pro nullitate matrimonii] *fert. Secus causam ad ordinariam tramitem remittat"* (Zusatz in eckigen Klammern von mir). Vgl. auch *Sussidio applicativo* 40: „Il Vescovo, quindi, *può emettere solo sentenza affirmativa,* se acquisisce la certezza morale richiesta. Altrimenti *rimette la causa al processo ordinario"* (Hervorhebungen im Original).

der Ehe im Kurzverfahren nicht so bewiesen werden kann, daß der Bischof sie mit der notwendigen moralischen Gewißheit feststellen kann, müssen im ordentlichen Verfahren umfassendere und gründlichere Untersuchungen durchgeführt werden. Dann aber konnte das Ziel einer beschleunigten Behandlung der Sache nicht erreicht werden; im Gegenteil kommt es so zu einer Verzögerung der Entscheidung. Um das zu verhindern, darf der Gerichtsvikar eine Ehesache nur unter genauester Beachtung der hierfür erforderlichen Bedingungen zur Entscheidung im Kurzverfahren zuweisen.

Zur Urteilsfindung hat der Bischof ausschließlich von dem auszugehen, was sich in den Akten findet. Er muß sich mit dem Untersuchungsrichter und dem Beisitzer beraten und die Animadversiones des Ehebandverteidigers, die dieser vorzulegen hat,[16] sowie die Äußerungen der Privatparteien zum Beweismaterial, die diese vorlegen können,[17] berücksichtigen.

Der novellierte c. 1687 § 1 CIC erwähnt im Blick auf die Entscheidung des Bischofs ausdrücklich die N o t w e n d i g k e i t d e r m o r a l i s c h e n G e w i ß h e i t, d. h. jener Gewißheit, die jeden vernünftigen Zweifel ausschließt; diese Gewißheit ist nach c. 1608 § 1 CIC für jedes Urteil erforderlich. Der Gesetzgeber hat gemeint, diese Regelung bezüglich des Kurzverfahrens vor dem Diözesanbischof in Erinnerung rufen zu sollen. Die „Milde" des richtenden Bischofs darf sich mithin nicht darin äußern, daß er ein affirmatives Urteil fällt, obwohl noch ernsthafte Zweifel bestehen, über die er aber in vermeintlicher „Milde" hinweggeht. „Nicht das Urteil darf milde sein, sondern das Verfahren der Urteilsfindung muß jede unnötige Strenge vermeiden";[18] es geht v. a. um eine erleichterte Zugänglichkeit der kirchlichen Ge-

---

[16] Vgl. c. 1432 CIC: Der Ehebandverteidiger „ist von Amts wegen *verpflichtet*, all das vorzubringen und darzulegen, was vernünftigerweise gegen die Nichtigkeit oder Auflösung [der Ehe] ins Feld geführt werden kann" (Hervorhebung und Zusatz im eckigen Klammern von mir). Diese Norm, die sich im Gerichtsverfassungsrecht des CIC findet, gilt für jedes Eheverfahren.

[17] C. 1687 § 1 CIC: *„si quae habeantur".*

[18] DENNEMARCK, *Der Diözesanbischof als „milder Richter"?* (Anm. 8) 378.

richte für alle Gläubigen, wie Papst Franziskus unter Berufung auf Voten der Teilnehmer an der außerordentlichen Bischofssynode von 2014 hervorhob.[19] Es geht also nicht um die Förderung der Nichtigkeit von Ehen, sondern um die Vermeidung unnötiger Verzögerungen, die ihrerseits ebenfalls ein Unrecht darstellen.[20] Das Eheband muß den bestmöglichen Schutz erfahren können. Auch beim Kurzverfahren muß daher die „theologische Wahrheit"[21] den Vorrang vor allen anderen Kriterien haben.

Das Urteil ist jedenfalls vom Diözesanbischof und dem Notar zu u n t e r s c h r e i b e n (Art. 20 § 2 RP). Die Unterschrift des Diözesanbischofs ist zur Gültigkeit des Urteils erforderlich, jene des Notars ist aber ebenfalls erforderlich, anderenfalls das Urteil nicht öffentlichen Glauben in Anspruch nehmen könnte (vgl. c. 483 § 1 CIC).

Die Römische Rota vertritt in ihrem *Sussidio applicativo* die Ansicht, daß auch weitere Unterschriften hinzugesetzt werden können, beispielsweise jene des Untersuchungsrichters oder des Beisitzers.[22] Allerdings kann dadurch der unzutreffende Eindruck erweckt werden, daß nicht der Diözesanbischof allein die Verantwortung für die Entscheidung trägt, sondern auch seine Berater. Da es sich beim Urteil aber um eine öffentliche Urkunde handelt, sollten alle Zusätze unterbleiben, die für eine solche Urkunde nicht erforderlich sind.

---

[19] MP „*Mitis Iudex Dominus Iesus*" 959.

[20] Zur Problematik der allzu großen Dauer von Ehenichtigkeitsverfahren mit einigen Vorschlägen zur Reform des Eheprozesses vgl. ADAM ZIRKEL, *Quam primum – salva iustitia. Müssen kirchliche Eheprozesse Jahre dauern?*, St. Ottilien 2003 (MthSt-Kan.Abt. 58); vgl. auch die Kurzfassung dieser Schrift: ders., *Quam primum – salva iustitia. Müssen kirchliche Eheprozesse Jahre dauern?*, in: DPM 10 (2003) 155–186.

[21] Vgl. hierzu die Ausführungen von EUGENIO CORECCO über die Beziehung zwischen Rechtssicherheit und theologischer Wahrheit: *Handlung „contra legem" und Rechtssicherheit im kanonischen Recht*, in: ders., Ordinatio Fidei (Anm. 2), 36–54, hier: 41–45; vgl. auch RAYMOND LEO KARDINAL BURKE, *Das kanonische Ehenichtigkeitsverfahren als Mittel zur Wahrheitssuche*, in: „In der Wahrheit Christi bleiben": Ehe und Kommunion in der katholischen Kirche, hrsg. von Robert Dodaro, Würzburg 2014, 165–187.

[22] Vgl. *Sussidio applicativo* 40.

Der vollständige Urteilstext *("integer sententiae textus")* muß nach c. 1687 § 2 CIC den Parteien (inklusive Ehebandverteidiger) so schnell wie möglich m i t g e t e i l t werden, und zwar normalerweise *("ordinarie")* spätestens einen Monat nach dem Tag der Urteilsfällung durch den Bischof (Art. 20 RP); durch das Adverb *"ordinarie"* wird eventuellen Umständen Rechnung getragen, die eine Verkündung des Urteils in der genannten Frist unmöglich machen. Da es um den vollständigen Text des Urteils geht,[23] kann dies nur durch Übersenden oder Übergeben des Urteilstextes geschehen (vgl. c. 1615 CIC). Ein Verlesen des Urteilstextes kann nur dann ausreichend sein, wenn die Parteien das Urteil zusätzlich schriftlich erhalten. In welcher Weise die Urteilsverkündung vor sich gehen soll, hat der Diözesanbischof zu entscheiden (Art. 20 § 1 RP); in jedem Fall aber muß gewährleistet sein, daß die Parteien in der Lage sind, die Begründung des Urteils zu prüfen, damit sie gegebenenfalls Rechtsmittel einlegen können.

Das Urteil muß – wie die *Ratio procedendi* ausdrücklich regelt – kurz und zusammengefaßt *("concinne")* die G r ü n d e für die Entscheidung zum Ausdruck bringen (Art. 20 § 2 RP). Wie es grundsätzlich für Urteile in jedem kirchlichen Prozeß gilt, so ist auch bezüglich des Urteils im Kurzverfahren jede unnötige Ausführlichkeit zu vermeiden.

5. Rechtsmittel

Rechtsmittel gegen das Urteil des Diözesanbischofs können sich nur gegen die affirmative Entscheidung richten, da die Rückverweisung der Ehesache in den ordentlichen Verfahrensweg keine Entscheidung in der Sache darstellt.

Angesichts der Tatsache, daß das Kurzverfahren vor dem Bischof die gemeinsame Klage beider Privatparteien oder zumindest das Einverständnis der nichtklagenden Partei voraussetzt, dürften

---

[23] Die Zusendung nur des Urteilstenors reicht niemals für eine ordnungsgemäße Verkündung des Urteils aus; eine solche Vorgehensweise hätte zur Folge, daß das Urteil keine Wirksamkeit entfaltet; vgl. c. 1614 CIC.

Rechtsmittel seitens der Partner der strittigen Ehe selten sein.[24]
Sie sind aber jederzeit möglich, z. B. weil sich eine Privatpartei
durch eine Formulierung in der Urteilsbegründung belastet fühlt;
der Ehebandverteidiger hat jedenfalls immer das Recht und ggf.
auch die Pflicht, gegen ein ungerechtes Urteil vorzugehen. Er
handelt damit im Regelfall[25] gegen eine Entscheidung des Gerichtsherrn, der ihn ernannt hat und in dessen Auftrag er in Eheverfahren tätig ist. Das darf aber keine nachteiligen dienstlichen
Folgen für ihn haben.

Das Motu Proprio *„Mitis Iudex Dominus Iesus"* regelt ausdrücklich nur die B e r u f u n g gegen das Urteil des Bischofs.
Da die Reform des Eheprozeßrechts aber die Canones über das
Streitverfahren im allgemeinen nicht außer Kraft gesetzt hat, sondern vielmehr ausdrücklich deren Anwendung normiert (c. 1691
§ 3 CIC), gelten auch die Canones über die N i c h t i g k e i t s b e -
s c h w e r d e gegen das Urteil des Bischofs. Eine solche kommt
beispielsweise dann in Betracht, wenn es von einem unzuständi-
gen Bischof gefällt worden ist oder nicht die erforderlichen Unterschriften trägt (vgl. hierzu die cc. 1619–1627 CIC).

Die Berufung gegen das Urteil des Bischofs ergeht entweder
an den Metropoliten oder an die Römische Rota (c. 1687 § 3
CIC); diesbezüglich haben die Parteien ein freies Wahlrecht.[26]
Wenn das Urteil vom Metropoliten selbst gefällt worden ist, rich-
tet sich die Berufung an seinen ältesten Suffraganbischof. Wonach
sich dies richtet, ob nach dem Lebensalter, dem Zeitpunkt der
Weihe oder nach der Ernennung des Suffraganbischofs, ist im
Motu Proprio nicht geregelt.

Die Römische Rota entscheidet sich in ihrem Sussidio applicativo für
das Alter nach der Ernennung *(„suffraganeo più anziano nell'ufficio").*[27]
Diese offiziöse Meinung der Römischen Rota kann allerdings eine klare
gesetzliche Regelung nicht ersetzen, zumal die Römische Rota für die
Interpretation von Gesetzen nicht zuständig ist – anders als der Päpstliche Rat für die Gesetzestexte, der in einem Schreiben vom 13. Oktober
2015 die Interpretation vertreten hat, gemeint sei der Bischof des ältesten

---

[24] So auch der *Sussidio applicativo* der Römischen Rota 42.

[25] Anders kann es im Fall eines interdiözesanen Gerichts sein.

[26] Vgl. *Sussidio applicativo* 42.

[27] Vgl. ebd.

Bischofssitzes in der Metropolie.[28] Als Grund hierfür wird genannt, daß bezüglich der Berufung gegen die Entscheidung des Metropoliten eine gewisse Regelmäßigkeit bestehen müsse und derjenige, an den sich die Berufung richtet, nicht immer wieder ein anderer sein könne (z. B. wegen Wechsels im Bischofamt). Dieses Argument ist tatsächlich zu bedenken. Allerdings ist diese Auskunft des Päpstlichen Rates für die Gesetzestexte keine authentische Interpretation, die mit gesetzgebender Vollmacht ergangen wäre.

Da c. 1687 CIC ein neues Gesetz darstellt, können eventuelle abweichende Regelungen bezüglich der Berufungsinstanz für das Metropolitangericht im ordentlichen Prozeß nicht auf die Berufung gegen die Entscheidung im Kurzverfahren angewendet werden, solange nicht auch für diesen Fall eine ausdrückliche Entscheidung seitens des Apostolischen Stuhls[29] ergeht.

Für einen Bischof, der unmittelbar dem Apostolischen Stuhl untersteht (wie das z. B. für die Bischöfe in der Schweiz gilt), regelt c. 1687 § 3 CIC, daß die Berufung an jenen Bischof geht, „der von diesem dauerhaft gewählt wurde". Auf wen sich die Formulierung „von diesem" *(„ab eodem")* bezieht, ist auch im lateinischen Text nicht eindeutig. Grammatisch müßte sie sich auf den an letzter Stelle genannten Apostolischen Stuhl beziehen; der Vergleich mit der *lex lata in similibus* des c. 1438 n. 2 CIC, wo die Zuständigkeit des Gerichts zweiter Instanz im ordentlichen Streitverfahren geregelt wird, legt aber nahe, daß der betreffende Bischof selbst die Möglichkeit hat, jenen Bischof zu wählen, an den die Berufung geht – eine Genehmigung des Apostolischen Stuhls für diese Entscheidung ist aber, anders als in c. 1438 n. 2, in c. 1687 § 3 CIC nicht vorgesehen.

Der Richter, an den die Berufung ergeht (der *„iudex ad quem"),* bzw. der Dekan der Römischen Rota hat zwei Möglichkeiten (vgl. c. 1687 § 4 CIC):

a) Wenn die Berufung offensichtlich nur der Verzögerung dienen soll, ist sie per Dekret sofort *(a limine)* abzuweisen,

---

[28] Prot.N. 15155/2015, publiziert: http://www.delegumtextibus.va/ content / testilegislativi / it / risposte - particolari / procedure - per - la - dichiarazione-della-nullita-matrimoniale.html

[29] Zuständig dürfte auch diesbezüglich die Apostolische Signatur sein; vgl. Art. 124 n. 4 *PastBon* in analoger Anwendung.

b) anderenfalls ist sie dem Berufungsgericht zur Entscheidung im ordentlichen Prozeß zuzuweisen.

Der Metropolit, der andere Bischof nach c. 1687 § 3 CIC bzw. der Dekan der Römischen Rota hat keine andere Entscheidung in der Sache zu treffen. Anders als im Dokumentenverfahren (vgl. c. 1690 CIC) hat der Gesetzgeber also die Rückverweisung ins ordentliche Verfahren nicht der ersten, sondern der zweiten Instanz normiert. Die Zuweisung der Berufungsklage an das Gericht der zweiten Instanz sorgt dafür, daß das Diözesangericht nicht eine Ehesache überprüfen muß, die der eigene Diözesanbischof bereits entschieden hat. Der Verlust einer Instanz muß bei der Berufung gegen die Entscheidung im Kurzverfahren offensichtlich in Kauf genommen werden.

III. Das Kurzverfahren vor dem Bischof – ein mündlicher Streitprozeß?

Nach c. 1691 § 2 CIC ist ein mündliches Streitverfahren in Ehenichtigkeitssachen ausgeschlossen. Es gibt aber einige auffällige Übereinstimmungen zwischen den Regelungen für den mündlichen Streitprozeß und jenen für das Kurzverfahren vor dem Diözesanbischof in Ehenichtigkeitssachen.

Gemeinsam ist beiden Verfahrensarten vor allem das Z i e l einer B e s c h l e u n i g u n g   d e s   V e r f a h r e n s. Auffällig sind die wörtlichen Übereinstimmungen bezüglich der A n f o r d e r u n g e n   a n   d i e   K l a g e s c h r i f t (vgl. c. 1684 mit c. 1658 §§ 1 und 2 CIC). Aus einer Anleihe an c. 1658 § 1 n. 2 CIC läßt sich auch erklären, warum in c. 1684 CIC vom Richter (*„iudex“*) statt – wie sonst – vom Untersuchungsrichter (*„instructor“*) die Rede ist. Zum Teil begegnen in c. 1685 CIC w ö r t l i c h e   Ü b e r e i n s t i m m u n g e n   mit c. 1661 § 1 CIC und in Art. 17 RP solche Übereinstimmungen mit c. 1661 § 2 CIC. Die g e m e i n s a m e   S i t z u n g, an der alle teilnehmen und bei der auch die Parteien bei den Vernehmungen der anderen Partei und der Zeugen anwesend sein dürfen, ist beim mündlichen Streitprozeß (vgl. c. 1663 CIC) ebenso vorgesehen wie beim Kurzverfahren in Ehenichtigkeitssachen (vgl. Art. 18 § 1 RP).

So ergibt sich der Eindruck, daß die neue Rechtsfigur des Kurzverfahrens in Ehesachen viele Elemente des mündlichen Streitverfahrens übernommen hat, die einer Beschleunigung des Verfahrens dienen können. Das zentrale Element des mündlichen Streitverfahrens, die mündliche Diskussion der Sache mit den Parteien und dem Richter, wurde jedoch nicht übernommen; vielmehr tritt an seine Stelle die Entscheidung des Bischofs nach Beratung mit dem Untersuchungsrichter und dem Beisitzer.

Ob sich das Kurzverfahren vor dem Diözesanbischof bewähren wird, muß die Praxis zeigen.[30] In vielen Diözesen des deutsch-sprachigen Raums dürften nicht unbegründete Vorbehalte hiergegen existieren. Doch ist der Diözesanbischof grundsätzlich verpflichtet, auch diesen Teil der Reform des Ehenichtigkeitsverfahrens durchzuführen, soweit es in der Situation seiner Teilkirche und im jeweiligen Einzelfall möglich ist.

---

[30] So auch Dennemarck, *Der Diözesanbischof als „milder Richter"?* (Anm. 8) 385.

G. Das ordentliche Ehenichtigkeitsverfahren

Bezüglich des ordentlichen Ehenichtigkeitsverfahrens sind die Gesetzesänderungen durch das Motu Proprio *„Mitis Iudex Dominus Iesus"* von Papst Franziskus zwar nicht sehr umfangreich, an einigen Stellen wurden aber alte Rechtsinstitute aufgegeben und neue Möglichkeiten geschaffen – jeweils im Sinne einer Beschleunigung der Ehenichtigkeitsverfahren. Diese Änderungen sind kritisch zu beleuchten, insbesondere unter dem Aspekt, ob sie auch den theologischen Notwendigkeiten eines kirchlichen Eheprozesses entsprechen.

I. Die Eröffnung des ordentlichen Eheprozesses

Im Fall der Annahme der Klageschrift zum ordentlichen Verfahren sind gemäß c. 1508 CIC die Beteiligten zum Verfahren zu laden, d. h. die nichtklagende und die klagende Partei, der Ehebandverteidiger sowie, falls am Verfahren beteiligt, der Kirchenanwalt. Die Ladung zum Verfahren bedeutet nicht unbedingt, daß die Parteien vor dem Richter erscheinen müssen – das kann der Richter jedoch verfügen (vgl. c. 1507 § 1 CIC). Es geht darum, daß die Prozeßfrage genau festgelegt wird, wozu alle Parteien zu hören sind, was insbesondere bei schwierigeren Fällen sinnvoll ist (vgl. c. 1513 § 2 CIC). Die Prozeßfrage muß nicht nur das Klageziel zum Ausdruck bringen, nämlich die Feststellung, daß die betreffende Ehe ungültig ist; sie muß vielmehr zugleich auch angeben, aus welchem Nichtkeitsgrund oder aus welchen Nichtigkeitsgründen die Ungültigkeit der Ehe behauptet wird (c. 1676 § 5 CIC). In demselben Dekret muß der Gerichtsvikar die Zusammensetzung des Richterkollegiums bzw. die Benennung des Einzelrichters mit zwei Beisitzern vornehmen (c. 1676 § 3 CIC).[1]

---

[1] Art. 126 § 4 DC sah ausdrücklich vor, daß im Fall der Beantragung der Nichtigerklärung der Ehe durch den Kirchenanwalt beide Ehepartner zu laden sind. Das gilt allerdings ebenso in jedem anderen Fall. In jedem Fall ist auch der Kläger zum Verfahren zu laden; vgl. c. 1508 § 1 CIC:

Die in c. 1677 § 2 CIC i. d. F. 1983 ausdrücklich vorgesehene Fünfzehntagefrist nach der Ladung zum Verfahren, innerhalb welcher die Parteien und der Bandverteidiger eine Sitzung zur Festlegung der Streitfrage beantragen können, wird im Artikel über die Einführung der Ehesache nicht mehr erwähnt. Eine solche Sitzung ist also nicht mehr vorgesehen. Der Gerichtsvikar hat mithin allein aufgrund der Klageschrift und der eventuellen Erklärungen der Parteien nach Anhören des Ehebandverteidigers die Streitfrage festzulegen (c. 1676 § 2 CIC). Gegen die Festlegung der Prozeßfrage können die Parteien Einwendungen vorbringen. Eine Frist für diese Einwendungen ist im Motu Proprio *„Mitis Iudex Dominus Iesus"* nicht erwähnt. Sie ergibt sich aber aus c. 1513 § 3 CIC, wonach die Parteien innerhalb von zehn Tagen eine Abänderung der Prozeßfrage beantragen können.[2] Auf diesen Abänderungsantrag muß der Richter schnellstens *(„expeditissime")* antworten, woraus sich zugleich ergibt, daß eine Berufung gegen dieses Dekret nicht möglich ist (vgl. c. 1629 n. 5 CIC).

Ein Dekret zur Anordnung der Beweisaufnahme *(instructio causae)* scheint nicht mehr als notwendig angesehen zu werden, denn c. 1677 § 4 CIC i. d. F. 1983 begegnet in der durch *„Mitis Iudex Dominus Iesus"* veränderten Gesetzeslage nicht mehr.

II. Besonderheiten des Beweisverfahrens[1]

In Ehenichtigkeitssachen, die ja stets von öffentlichem Interesse sind, hat der Richter nicht nur aufgrund von Anträgen der Par-

---

„et simul ceteris, qui comparere debent". Außerdem war aus dieser Formulierung nicht zu schließen, daß bei Beantragung der Nichtigerklärung durch den Kirchenanwalt der Ehebandverteidiger nicht zu laden wäre.

[2] Anderer Ansicht scheint KLAUS LÜDICKE zu sein. Da c. 1513 § 3 CIC aber selbstverständlich weiterhin gilt, ist diese Regelung auch auf Eheverfahren anzuwenden, auch wenn sie „dem Anliegen der Vereinfachung des Verfahrens" widerspricht (LÜDICKE, *MünstKomm* 1676/8 RNr. 12).

[1] Vgl. PAOLO G. BIANCHI, *La fase istruttoria nel processo di nullità matrimoniale: non solo indagine,* in: QuDEccl 18 (2005) 313–328; PETER O. AKPOGHIRAN, *Proofs in Marriage Nullity Process,* Richmond, VA 2011.

teien, sondern gelegentlich auch von Amts wegen zur Ergänzung
der Beweislage tätig zu werden. Es geht darum, die objektive
Wahrheit hinsichtlich der Gültigkeit der Feier des Sakramentes
festzustellen. Es sind Beweise aller Art zulässig, sofern sie rechtmäßig zustandegekommen *(„licitae")* sind (vgl. c. 1527 § 1
CIC).[2] Für das Beweisverfahren in Ehenichtigkeitsfragen gelten
neben den Regelungen des allgemeinen Prozeßrechts[3] die folgenden Besonderheiten.

1. Rechte amtlicher Prozeßparteien und der Parteibeistände

In Ehenichtigkeitssachen haben der Ehebandverteidiger, der Kirchenanwalt und die Parteibeistände, d. h. der Prozeßbevollmäch-
tigte und der Anwalt, das Recht der Teilnahme an den Vernehmungen der Parteien, der Zeugen und der Sachverständigen[4], sofern nicht der Richter eine geheime Vorgehensweise für angezeigt
hält (vgl. c. 1559 CIC); zugleich haben sie die Möglichkeit, dem
Vernehmungsrichter Fragen vorzulegen (vgl. c. 1561 CIC). Jedenfalls haben sie das Recht der Akteneinsicht auch schon vor Of-
fenlegung der Akten sowie der Prüfung der von den Parteien vor-
gelegten Dokumente (c. 1677 § 2 CIC). Bei geheimer Vorgangsweise behalten der Ehebandverteidiger und der Kirchenanwalt –
anders als die Parteibeistände – das Recht der Teilnahme an der
Vernehmung.[5] Dadurch wird das öffentliche gegenüber dem privaten Interesse in eine stärkere Position gebracht.

---

[2] Nicht rechtmäßig wären beispielsweise Tonbandaufnahmen aus der
(auch eigenen) sakramentalen Beichte, aber auch Tagebücher, die ohne
das Einverständnis ihres Urhebers dem Gericht vorgelegt werden.

[3] Siehe Aymans – Mörsdorf – Müller, *KanR* IV, §§ 211–218.

[4] Dieses Recht haben die Parteien selbst nicht (vgl. c. 1677 § 2 CIC),
weil anderenfalls die Gefahr bestünde, daß sie ihre Prozeßtaktik unter
Berücksichtigung des Gehörten ausgestalten oder die Zeugen bewußt
oder unbewußt beeinflussen.

[5] Das ergibt sich aus dem Verweis auf c. 1559 CIC in c. 1677 § 1
CIC; c. 1559 CIC betrifft nur die Parteibeistände, nicht die amtlichen
Prozeßparteien.

2. Vernehmungen

a) Parteiaussagen

Nach der durch „*Mitis Iudex Dominus Iesus*" novellierten Rechtslage wird den Parteienaussagen im Ehenichtigkeitsverfahren ein höheres Gewicht zugemessen als bislang.[6] Die Regel des c. 1536 § 2 CIC, wonach Parteiaussagen in Sachen, die das öffentliche Wohl betreffen, nur dann volle Beweiskraft haben können, wenn sie durch andere Beweiselemente voll und ganz bekräftigt werden,[7] ist nunmehr durch c. 1678 § 1 CIC für Ehenichtigkeitsverfahren fast schon umgekehrt worden:

> „In Ehenichtigkeitssachen können das gerichtliche Geständnis und die Erklärungen der Parteien, vielleicht durch Zeugen über die Glaubwürdigkeit der Parteien selbst gestützt, die Kraft des vollen Beweises haben, die vom Richter unter Berücksichtigung aller Indizien und Beweisstützen zu würdigen ist, wenn nicht andere Elemente hinzutreten, die diese entkräften. "

---

[6] Da das Motu Proprio „*Mitis Iudex Dominus Iesus*" ausschließlich für das Ehenichtigkeitsverfahren gilt, bleibt es für alle anderen kirchlichen Prozesse bei der Rechtslage nach c. 1536 CIC; das gilt auch für andere Prozesse, in denen das öffentliche Wohl betroffen ist, z. B. Weiheprozesse.

[7] Vgl. zum Ganzen JOSEF GEHR, *Die Bewertung des gerichtlichen Geständnisses und der Parteierklärung vor Gericht gemäß c. 1536 § 2 CIC/1983*, St. Ottilien 1994 (DiKa 12), 81–85; MICHAEL P. HILBERT, *Le dichiarazioni delle parti nel processo matrimoniale*, in: Periodica 84 (1995) 735–755; ANDREAS WEISS, *Was ist neu an den „neuen Wegen" im Beweisrecht des Ehenichtigkeitsprozesses? Zu den Möglichkeiten in cc. 1536 § 2, 1573 und 1679, den Konflikt zwischen rechtlichem Formalismus in freier Beweiswürdigung zu überwinden*, in: DPM 8/2 (2001) 137–174; M[ILENA] GUIDA, *Il teste di credibilità*, in: Apollinaris 76 (2003) 475–501; GERO P. WEISHAUPT, *Die Parteiaussagen im Ehenichtigkeitsprozeß im Spiegel der moralischen Gewißheit. Die Natur „der anderen Elemente" des can. 1536 § 2 in Verbindung mit can. 1679*, Bonn 2007.

Danach ist grundsätzlich von der Wahrheit der Parteiaussagen auszugehen, die ggf. widerlegt werden müßte. Mit der Rechtsgunst der Ehe (vgl. c. 1060 CIC) kann diese Beweisregel nur dann in Einklang gebracht werden, wenn der Richter seine in c. 1678 § 1 CIC ebenfalls angesprochene Ermessensentscheidung gewissenhaft unter Berücksichtigung aller Beweismittel trifft.

Leider hat der Gesetzgeber in c. 1678 § 1 CIC weiterhin den Begriff des „gerichtlichen Geständnisses" verwendet. Es ist jedoch daran festzuhalten, daß Erklärungen der Parteien im Laufe ihres Ehenichtigkeitsverfahrens dann nicht als „Geständnis" bezeichnet werden können, wenn sie – wie es sich im Regelfall verhält – nicht *gegen* das rechtliche Interesse der betreffenden Partei gerichtet sind (was das Wesen des Geständnisses ausmacht), sondern im Gegenteil mit der Klagebehauptung übereinstimmen. Das Wort „Geständnis" ist daher im Zusammenhang mit dem Eheprozeß geradezu irreführend.[8] Ein Geständnis im wahren Sinn des Wortes könnte im Ehenichtigkeitsverfahren nur die Erklärung der klagenden Partei sein, die Ungültigkeit der Ehe zu Unrecht behauptet zu haben.

b) Glaubwürdigkeitszeugen

C. 1678 § 1 CIC spricht von der möglichen *(„forte")* Bekräftigung der Parteiaussagen durch Glaubwürdigkeitszeugen. Das Institut der Glaubwürdigkeitszeugen hat eine ältere Tradition im Zusammenhang mit dem Nichtvollzugsverfahren. Nach dem *„Decretum Gratiani"* (c. 2 C. XXXIII q. 1) hat Papst Gregor I. in einem Schreiben an Bischof Johannes von Ravenna den Eid von sieben unbescholtenen Verwandten der Parteien (den sog. „Siebenhändereid") bezüglich des Nichtvollzugs der Ehe zugelassen.[9] Dementsprechend fand sich der Siebenhändereid in can. 1975 CIC/1917 als Beweismittel, aber nicht nur in Nichtvollzugssachen, sondern auch in Fällen von Impotenz, bei denen aller-

---

[8] Vgl. auch AYMANS – MÖRSDORF – MÜLLER, *KanR* IV, 441 f.

[9] Der von Gratian zitierte Brief Gregors I. ist ansonsten unbekannt; vgl. HEINZ-MEINOLF STAMM, *Die Beweisführung im Verfahren nach dem Dekret Gratians,* in: DPM 4 (1997) 199–209, hier: 206, Anm. 45 (mit der unzutreffenden Angabe „C. 33, q. 1, c. 29").

dings ein sachlicher Zusammenhang mit dem Nichtvollzug der Ehe besteht.

Während der CIC von 1917 in can. 1975 die Beiziehung von Glaubwürdigkeitszeugen nur sehr eingeschränkt zugelassen hatte, hat der Gesetzgeber von 1983 sie umfassend, also unabhängig vom Klagegrund, für alle Ehenichtigkeitsverfahren zur Stützung der Parteiaussagen ermöglicht (c. 1679 CIC i. d. F. 1983). Zeugenaussagen über die Glaubwürdigkeit der Parteien sind nach der ursprünglichen Rechtslage von 1983 geeignet, die Aussagen der Parteien so sehr zu stützen, daß ihnen u. U. sogar volle Beweiskraft zukommen kann (vgl. c. 1536 § 2 CIC). Nach der Rechtslage von 2015 ist den Aussagen der Parteien ohnedies ein höheres Gewicht zuzumessen, so daß die Aussage der Glaubwürdigkeitszeugen nur noch ein mögliches, keineswegs aber notwendiges Element der Beweisführung darstellt.

Aufgabe der Glaubwürdigkeitszeugen ist nicht, etwas zum Gegenstand des Verfahrens unmittelbar auszusagen, sondern aufgrund eigener Erfahrungen die Glaubwürdigkeit der Parteien einzuschätzen. In der Rechtslage bis zum Inkrafttreten des CIC/1983 war ausdrücklich vorgesehen, daß als Glaubwürdigkeitszeugen nur Verwandte der Parteien in Betracht kamen; diese Bedingung ist mit dem CIC/1983 weggefallen. Dennoch werden es auch heute noch in der Regel eher Verwandte oder Freunde der Parteien sein, die sich bereit erklären, als Glaubwürdigkeitszeugen im Verfahren mitzuwirken. Aufgrund seiner jahrelangen Erfahrung am Diözesangericht mahnte Paul Wirth aus genau diesem Grund jedoch dazu, „die Aussagen von Glaubwürdigkeitszeugen *mit Vorbehalt* zu sehen."[10]

---

[10] PAUL WIRTH, *Anmerkungen zum Beweisrecht des CIC/1983,* in: Ministerium Iustitiae. FS für Heribert Heinemann zur Vollendung des 60. Lebensjahres, hrsg. von André Gabriels, Heinrich J. F. Reinhardt, Essen 1985, 393–402, hier: 399; vgl. auch DERS., *Die Würdigung der Partei- und Zeugenaussagen im kirchlichen Ehenichtigkeitsverfahren,* in: AfkKR 156 (1987) 95–120, hier: 115.

c) Der Einzeugenbeweis

Nach c. 1678 § 2 CIC kann auch die Aussage eines einzelnen
Zeugen vollen Beweis erbringen, sofern eine der folgenden beiden Bedingungen erfüllt ist:

a) es handelt sich um einen qualifizierten Zeugen, d. h. um einen
    solchen Zeugen, der eine Aussage über eine von ihm selbst
    vollzogene Amtshandlung macht (z. B. um den Priester, der
    das Brauexamen durchgeführt hat, über Aussagen der Partei-
    en, die im Brautexamensprotokoll keinen Niederschlag gefun-
    den haben),
b) die sachlichen und persönlichen Umstände legen dies nahe.

Die Regelung des durch das Motu Proprio *„Mitis Iudex Dominus
Iesus"* hier eingeführten c. 1678 § 2 CIC entspricht im wesentlichen jener des c. 1573 CIC und könnte daher als entbehrlich erscheinen. Allerdings formuliert c. 1573 CIC (der für alle anderen
kirchlichen Prozesse außer Ehenichtigkeitsverfahren weiter gilt)
mit doppelter Negation: „Die Aussage eines einzigen Zeugen
kann k e i n e n vollen Beweis schaffen, w e n n n i c h t ...",
während c. 1678 § 2 CIC nunmehr positiv formuliert: „In densel-
ben Fällen k a n n die Aussage eines einzigen Zeugen vollen Beweis schaffen, w e n n ..."
Die Tendenz der Novellierung des Eheprozesses von 2015 erscheint unverkennbar, auch den Einzeugenbeweis leichter zu ermöglichen. Das aber kann nur hinsichtlich des qualifizierten Zeugen gelingen, sofern nicht dessen Glaubwürdigkeit in Frage zu
stellen ist. Die Aussage eines anderen einzelnen Zeugen kann nur
dann vollen Beweis schaffen, wenn sie durch die sachlichen und
persönlichen Umstände des Falles bestätigt werden; diese Umstände aber müssen wiederum bewiesen sein.
Nach Wirth[11] muß „äußerst kritisch und sorgfältig geprüft"
werden, „ob die Voraussetzungen" für den Einzeugenbeweis „in
der Tat gegeben sind und ob der einzige Zeuge den Ansprüchen
eines *testis omni exceptione maior* gerecht wird, d. h. daß weder

---

[11] WIRTH, *Die Würdigung der Partei- und Zeugenaussagen* (Anm. 10)
118.

hinsichtlich seiner Person noch hinsichtlich des Inhaltes seiner Aussage irgendwie geartete Ausstellungen angebracht werden können. " An einen Einzeugenbeweis kann in erster Linie dann gedacht werden, wenn ein Beweisnotstand vorliegt und der Richter die Gefahr erkennen muß, ein ungerechtes Urteil zu fällen, wenn er den Einzeugenbeweis nicht zuläßt.

3. Beiziehung von Sachverständigen[12]

Neben der Vorschrift des c. 1574 CIC, die dem Richter in jedem kirchlichen Prozeß gebietet, nötigenfalls Sachverständige beizuziehen, sieht c. 1678 § 3 CIC die Konsultation eines oder mehrer Gutachter bei Ehenichtigkeitsverfahren wegen Beischlafsunfähigkeit, wegen eines Konsensmangels aufgrund von Geisteskrankheit *(mentis morbus)* oder wegen einer Anomalie psychischer Natur zwingend vor, „wenn es nicht aufgrund der Umstände offenkundig als sinnlos erscheint". Sinnlos ist die Beiziehung von Gutachtern sicher dann, wenn die Fakten nicht hinreichend bewiesen sind. Es könnte zwar auch die Ansicht vertreten werden, daß eine Begutachtung ebenfalls sinnlos ist, wenn zur Beurteilung eines Sachverhaltes offensichtlich der gesunde Menschenverstand ausreicht. Die Gefahr, daß Richter ihr Urteilsvermögen überschätzen, dürfte jedoch gerade in Fragen der Psychologie nicht gering sein. Genau aus diesem Grund hat der Gesetzgeber wohl die Notwendigkeit gesehen, in c. 1678 § 3 i. d. F. 2015 für solche Fälle die Beteiligung eines Gutachters ausdrücklich vorzuschreiben.

Hatte c. 1680 CIC i. d. F. 1983 die Verpflichtung zur Beiziehung von Gutachtern auf das behauptete Vorliegen einer Geisteskrankheit bezogen, mußte jedenfalls davon ausgegangen werden, daß der Begriff der „Geisteskrankheit" sehr weit zu verstehen ist und eine Einschränkung des Geltungsbereichs des c. 1680 CIC i. d. F. 1983 nur auf den Fall der *„amentia"* nach c. 1095 n. 1

---

[12] Vgl. zum Ganzen auch JOHANNES KLÖSGES, *Ehenichtigkeitsverfahren bei psychisch bedingten Konsensmängeln. Der Sachverständigenbeweis,* Paderborn 2015 (KStKR 21).

CIC nicht gerechtfertigt wäre.[13] Eine Geisteskrankheit kann sowohl einen mangelnden Vernunftgebrauch (c. 1095 n. 1 CIC), als auch einen schweren Mangel des Urteilsvermögens (c. 1095 n. 2 CIC), als auch ein Eheführungsunvermögen (c. 1095 n. 3 CIC) zur Folge haben. Die Instruktion für das Ehenichtigkeitsverfahren *„Dignitas Connubii"* ergänzte daher den Text des c. 1680 CIC (i. d. F. 1983) in Art. 203 § 1 DC mit den Worten: *„vel incapacitates de quibus in can. 1095"*, womit unabhängig von der Frage, ob die zugrundeliegende psychische Konstellation als Krankheit zu bezeichnen ist oder nicht, jedenfalls die Pflicht zur Heranziehung eines Sachverständigen normiert wird, sofern dies nicht offenkundig als sinnlos erscheint. In der seit 8. Dezember 2015 geltenden Fassung (c. 1678 § 3 CIC) wurde der Text des alten c. 1680 CIC daher ergänzt mit den Worten *„vel anomaliam naturae psychicae"*, womit sicher der Fall des c. 1095 n. 3 CIC erfaßt ist;[14] es ist aber nicht zu erkennen, warum nicht auch im Fall eines Urteilsunvermögens nach c. 1095 n. 2 CIC die Mitwirkung eines oder mehrerer Gutachter nötig sein sollte.

Im übrigen verweist c. 1678 § 3 CIC ausdrücklich auf c. 1574 CIC, wonach Gutachter nicht nur dann beizuziehen sind, wenn es im Recht vorgeschrieben ist, vielmehr kann der Richter ihre Mitwirkung im Prozeß auch sonst anordnen.

Ausdrücklich regelt Art. 204 § 2 DC, daß die Bestellung des Sachverständigen allen, auch den amtlichen Parteien, mitzuteilen ist; der hier enthaltene Verweis auf Art. 164 DC macht klar, daß dies auch mit der Absicht geschieht, allen Parteien die Möglichkeit zu bieten, Beweisfragen vorzulegen, welche die Sachverständigen beantworten sollen. Im übrigen besteht die Möglichkeit der Ablehnung von Gutachtern (vgl. c. 1576 CIC), was voraussetzt, daß ihre Namen den Prozeßbeteiligten bekannt sind.

Art. 205 DC nennt über die Regelungen des CIC hinaus einige Kriterien für die Auswahl von Sachverständigen. Diese müssen

---

[13] Vgl. Martina Rommel, *Amentia,* in: LKStKR I (2000), 68–70, 79: „... da der Begriff Geisteskrankheit ein sehr weiter ist, während der Begriff der A[mentia] bzw. des amentiellen Syndroms ja ein genau umschriebener ist."

[14] Vgl. die wörtliche Übereinstimmung der Formulierung *„naturae psychicae"* in c. 1095 n. 3 CIC und in c. 1678 § 3 CIC.

nicht nur ein einschlägiges fachliches Zeugnis haben, sondern auch tatsächlich ausgezeichnete Kenntnisse aufweisen und in religiös-sittlicher Hinsicht einwandfrei sein. Diese sehr generellen Aussagen von Art. 205 § 1 DC werden in § 2 desselben Artikels mit Bezug auf die Ehekonsenshindernisse des c. 1095 CIC insoweit konkretisiert, daß als (psychologisch-psychiatrische) Gutachter solche auszuwählen sind, „welche den Prinzipien der christlichen Anthropologie anhängen".

4. Umstellung auf ein Nichtvollzugsverfahren[15]

Während der Beweiserhebung im Rahmen eines Ehenichtigkeitsverfahrens können Anzeichen dafür aufkommen, daß die betreffende Ehe nicht geschlechtlich vollzogen worden ist. In diesem Fall kann das Gericht nach Anhörung der Parteien, womit wohl auch der Ehebandverteidiger gemeint ist, das Nichtigkeitsverfahren aussetzen, damit nach eventuell notwendiger Ergänzung der Beweislage im Blick auf den Nichtvollzug der Ehe die Akten zusammen mit dem Bittgesuch zumindest einer Partei um Auflösung der nichtvollzogenen Ehe und dem Votum des Gerichts und des Bischofs dem Apostolischen Stuhl zugeleitet werden (c. 1678 § 4 CIC). Anders als in der Rechtslage von 1983 verlangt das Motu Proprio *„Mitis Iudex Dominus Iesus"* nicht mehr die Zustimmung der Parteien für die Aussetzung des Ehenichtigkeitsverfahrens, sondern nur ihre Anhörung.[16] Erforderlich ist aber selbstverständlich, daß wenigstens einer der Partner aus der strittigen Ehe die

---

[15] Im CIC/1983 in der ursprünglichen Fassung war c. 1681 bereits unter der Überschrift „Urteil und Berufung" eingeordnet; die Entscheidung über die Umstellung in ein Nichtvollzugsverfahren dürfte jedoch im Regelfalle nicht erst bei der Urteilsfindung, sondern schon während der Phase der Beweisaufnahme getroffen werden. Die Neuordnung des Ehenichtigkeitsverfahrens von 2015 hat die dem c. 1681 CIC i. d. F. 1983 entsprechende Regelung daher mit vollem Recht als § 4 in c. 1678 CIC in den sachlichen Zusammenhang der Beweisaufnahme eingeordnet.

[16] Vgl. c. 1681 CIC i. d. F. 1983: *„suspensa de consensu partium causa nullitatis"* mit c. 1678 § 4 CIC (i. d. F. von 2015): *„tribunal potest, auditis partibus, causam nullitatis suspendere"*.

Bitte um Auflösung der Ehe[17] an den Apostolischen Stuhl richtet. Dieser kann die Ehe wegen Nichtvollzugs auflösen. Da die Eheauflösung aber ein Gnadenakt ist, auf den niemand einen Rechtsanspruch hat, ist es notwendig, daß das Gerichtsverfahren solange in der Schwebe bleibt, bis der Entscheid des Apostolischen Stuhls vorliegt. Wenn der Gnadenakt der Auflösung der Ehe nicht gewährt werden sollte, kann das Ehenichtigkeitsverfahren in dem Stadium fortgeführt werden, in dem es unterbrochen worden war.

Der Ehenichtigkeitsgrund der Impotenz, also der Unfähigkeit zum ehelichen Akt, bringt notwendigerweise mit sich, daß die betreffende Ehe nicht vollzogen worden ist. In einem solchen Fall, aber auch jedesmal, wenn im Rahmen des Verfahrens greifbar wird, daß die Ehe nicht vollzogen worden ist, empfiehlt sich die Durchführung eines Verfahrens zur Auflösung der Ehe, das in der Regel einfacher ist und kürzer dauert.[18]

III. Urteil und Rechtsmittel

1. Fällung und Ausfertigung des Urteils

Art. 4 des Kapitels des CIC über das Ehenichtigkeitsverfahren bietet, wie schon zuvor, so auch in der Fassung der Novellierung von 2015 nur wenige ergänzende Normen zum Thema „Urteil, Rechtsmittel und Vollstreckung" in besonderer Beziehung auf den Ehenichtigkeitsprozeß. Im übrigen gelten natürlich die Normen des allgemeinen Prozeßrechtes.[1] Ergänzend kann auf die Regelun-

---

[17] In c. 1678 § 4 CIC leider immer noch als „*petitio dispensationis*" bezeichnet, obwohl schon seit langer Zeit klar ist, daß die Tätigkeit des Papstes bei der Auflösung der nichtvollzogenen Ehe vom Begriff der Dispens nicht abgedeckt wird; vgl. hierzu Josef Lederer, *Der Dispensbegriff des kanonischen Rechtes unter besonderer Berücksichtigung der Rechtssprache des CIC,* München 1957 (MthSt-Kan.Abt. 8), 84–88, bes. 88.

[18] Zum Nichtvollzugsverfahren siehe Aymans – Mörsdorf – Müller, *KanR* IV, § 236: A.

[1] Siehe hierzu Aymans – Mörsdorf – Müller, *KanR* IV, §§ 219–224.

gen in der Instruktion für die Ehenichtigkeitsverfahren *„Dignitas connubii"* zurückgegriffen werden, die über den CIC hinaus weitere Regelungen trifft, die zu Recht als notwendig angesehen wurden. Es wäre wünschenswert gewesen, daß diese Vorschriften in das Gesetz selbst aufgenommen worden wären.

Art. 248 § 6 DC sieht vor, daß am Ende der Urteilssitzung eine N i e d e r s c h r i f t d e s U r t e i l s t e n o r s vom Vorsitzenden des Kollegialgerichts verfaßt und von allen Richtern unterschrieben wird; dieses Protokoll ist den Akten beizufügen. Auf die Niederschrift kann dann zurückgegriffen werden, wenn es einem der Richter aus einem schwerwiegenden Grund, wie z. B. einer schweren Krankheit oder gar wegen Todes unmöglich sein sollte, die einige Zeit später erfolgte Ausfertigung des Urteils zu unterschreiben. In diesem Fall genügt die entsprechende Erklärung des Vorsitzenden des Kollegialgerichts bzw. des Gerichtsvikars unter Hinzufügung einer beglaubigten Abschrift des von allen Richtern am Tag der Urteilssitzung unterschriebenen Urteilsspruchs (Art. 255 DC).

Bei bestimmten Ehenichtigkeitsgründen ist dem Urteil zwingend ein E h e v e r b o t hinzuzufügen, um das Zustandekommen einer erneuten ungültigen Ehe zu verhindern. Dies trifft zu für die absolute Beischlafsunfähigkeit und für die dauerhafte Unfähigkeit zum Eingehen oder zur Führung einer Ehe. Im letztgenannten Fall darf eine erneute Eheschließung allenfalls dann stattfinden, wenn das Urteilsgericht befragt worden ist (Art. 251 § 1 DC).[2]

Aus der Natur der Sache heraus ergibt sich, daß die Möglichkeit einer erneuten Eheschließung gänzlich ausgeschlossen ist im Fall der absoluten, also gegenüber jeder Person anderen Geschlechts bestehenden Impotenz, die ja nur dann ein Ehehindernis darstellt und die Nichtigerklärung der Ehe ermöglicht, wenn sie dauerhaft ist; dann aber steht sie auch jeder späteren Ehe im Wege.

---

[2] Mit dieser Regelung geht die Instruktion *„Dignitas Connubii"* über das hinaus, was c. 1077 CIC normiert hat. Da dies aber mit der gesetzlichen Regelung in Einklang gebracht werden kann, ist die Geltung der Regelung von Art. 251 DC nicht zu bezweifeln, zumal Papst Johannes Paul II. diese Instruktion approbiert hat; vgl. DC, S. 228/229.

Bei anderen Ehenichtigkeitsgründen kann das Gericht dem Urteil nach eigenem Ermessen ein Eheverbot beifügen. Das ist z. B. dann sinnvoll, wenn eine Partei vorsätzlich die Nichtigkeit der Ehe durch arglistige Täuschung oder Simulation herbeigeführt hat. Eine nunmehr gültige Eheschließung dieser Partei ist im Fall eines Eheverbots nur mit Befragung des Ordinarius jenes Ortes zulässig, an dem diese Ehe eingegangen werden soll (Art. 251 § 2 DC). Diese Norm soll vor allem einen Mißbrauch der kirchlichen Rechtsordnung und ein Auseinanderklaffen von rechtlicher und moralischer Ordnung in der Kirche zu verhindern helfen. Wer vorsätzlich eine ungültige Ehe herbeigeführt hat, darf daraus nicht auch noch einen Vorteil haben. „Hieße das nicht, auf den Frevel noch eine Prämie setzen? Ne cui sua culpa prosit!"[3]

Das Eheverbot ist dem Urteil selbst beizufügen (Art. 250 n. 3 DC). Dies kann sowohl das Gericht der ersten Instanz als auch ein Gericht höherer Instanz tun. Wenn bereits das untere Gericht ein Eheverbot erlassen hat, muß das Berufungsgericht entscheiden, ob es bestätigt werden soll oder nicht (Art. 251 § 3 DC).

Nach c. 1691 § 1 CIC, der sowohl für das Dokumentenverfahren, als auch für das Kurzverfahren vor dem Diözesanbischof als auch für den ordentlichen Eheprozeß gilt, sind die Partner aus der ungültigen Ehe im Ehenichtigkeitsurteil darauf hinzuweisen, daß sie eventuell bestehende V e r p f l i c h t u n g e n moralischer oder weltlich-rechtlicher Art bezüglich der Kindererziehung und des Unterhalts der Kinder und ggf. des Partners aus der ersten Verbindung wahren müssen.

2. Rechtsmittel gegen das Urteil

Eine der wichtigsten und am meisten diskutierten Änderungen durch das Motu Proprio *„Mitis Iudex Dominus Iesus"* besteht in der Abschaffung der verpflichtenden Bestätigung des affirmativen Urteils in einer Ehenichtigkeitssache durch ein zweites Gericht.

---

[3] Heinrich Flatten, *Das Ärgernis kirchlicher Eheprozesse,* in: ders., Gesammelte Schriften zum kanonischen Eherecht, Paderborn – München – Wien – Zürich 1987, 379–402, hier: 397.

Papst Benedikt XIV. hatte mit seiner Konstitution „*Dei mise-ratione*" vom 3. November 1741 den Ehebandverteidiger dazu verpflichtet, Berufung einzulegen gegen ein Urteil, mit dem die Ungültigkeit der Ehe festgestellt wird. „Nach dem Willen des Papstes sollte auf diese Weise der immer häufiger auftretende Mißstand beseitigt werden, Ehen zu leichtfertig und schnell für nichtig zu erklären."[4] Im Anschluß an diese Konstitution hatte auch der CIC von 1917 die Verpflichtung des Ehebandverteidigers zum Einreichen der Berufung nach affirmativem erstem Urteil normiert (can. 1986 CIC/1917); das Gesetzbuch in der Fassung von 1983 hatte dagegen dem Urteilsgericht selbst die Aufgabe zugewiesen, das Urteil mit den Gerichtsakten und eventuellen Berufungsklagen von Amts wegen innerhalb einer Frist von 20 Tagen nach Verkündung des Urteils dem Berufungsgericht zuzusenden (c. 1682 § 1 CIC i. d. F. 1983; vgl. auch Art. 264 DC). Die Bestätigung des affirmativen Urteils durch Dekret oder Urteil des Gerichts der zweiten Instanz war in der ursprünglichen Fassung von c. 1682 CIC verpflichtend vorgeschrieben, damit die Parteien Gebrauch vom Urteil machen, d. h. damit sie zu einer erneuten Eheschließung zugelassen werden konnten.

Diese im Kern über 250 Jahre alte Regelung, die zumindest in der damaligen Situation notwendig erschien, um eine leichtfertige Nichtigerklärung von Ehen zu verhindern, hat Papst Franziskus mit seiner Reform des Ehenichtigkeitsverfahrens aufgegeben, um eine Beschleunigung des Verfahrens zu erreichen. C. 1679 CIC regelt nunmehr:

„Ein Urteil, das zum ersten Mal die Ungültigkeit der Ehe erklärt, wird nach Ablauf der von den cc. 1630–1633 geregelten Fristen vollstreckbar."

In den cc. 1630–1633 CIC, genauer gesagt: in den cc. 1630 und 1633 CIC, werden die Fristen für die Einlegung und Verfolgung der Berufung geregelt.[5] Die deutlich längere Frist für die Einle-

---

[4] STEFAN KILLERMANN, *Die Rota Romana. Wesen und Wirken des päpstlichen Gerichtshofes im Wandel der Zeit,* Frankfurt/Main u. a. 2009 (AIC 46), 135.

[5] Die Frist für die Verfolgung der Berufung muß natürlich nur dann abgewartet werden, wenn eine Partei Berufung eingelegt hat.

gung der Nichtigkeitsbeschwerde bei heilbarer Nichtigkeit des Urteils braucht aber natürlich nicht abgewartet zu werden.[6] Daraus ergibt sich, daß 15 Tage nach ordnungsgemäßer Verkündung des vollständigen Urteilstextes[7] vom Urteil Gebrauch gemacht werden kann, sofern nicht eine Partei (z. B. der Ehebandverteidiger) Berufung eingelegt hat. Wurde jedoch Berufung eingelegt, so muß ein weiterer Monat abgewartet werden. Wenn innerhalb dieser Frist die Berufung nicht verfolgt wurde – und wenn nicht die Frist zur Berufungsverfolgung vom Urteilsrichter verlängert wurde, sonst nach ungenutztem Ablauf der verlängerten Frist –, kann das Urteil vollstreckt werden.

Die privaten wie die amtlichen Prozeßparteien können gegen das erstinstanzliche Urteil Nichtigkeitsbeschwerde oder Berufung einlegen (vgl. c. 1680 § 1 CIC), wenn sie sich durch das Urteil beschwert sehen. Indem c. 1680 § 1 CIC auf die cc. 1619–1640 CIC verweist, wird deutlich gemacht, daß auf die Rechtsmittel im Rahmen von Ehenichtigkeitsverfahren neben den besonderen Normen der cc. 1680–1682 CIC auch die Normen über Nichtigkeitsbeschwerde und Berufung im ordentlichen Prozeß angewendet werden müssen.

Die Berufung geht vom Gericht der ersten Instanz an das Metropolitangericht, wie c. 1673 § 6 CIC in Übereinstimmung mit c. 1438 n. 1 CIC regelt. Der Verweis auf die cc. 1438, 1439 und 1444 CIC bringt zum Ausdruck, daß bezüglich der Berufung in Ehenichtigkeitssachen dieselben Regelungen gelten wie für Prozesse überhaupt. C. 1673 § 6 CIC erscheint daher entbehrlich.

Nach Eingang der Prozeßakten beim Berufungsgericht und Ablauf der für die Berufung und ihre Verfolgung festgelegten Fristen[8] ist beim Gericht der höheren Instanz ein Kollegialgericht

---

[6] Gegen das heilbar nichtige Urteil kann innerhalb von drei Monaten Nichtigkeitsbeschwerde eingelegt werden (vgl. c. 1523 CIC). Die Frist für die Nichtigkeitsklage bei unheilbarer Nichtigkeit des Urteils beträgt zehn Jahre (vgl. c. 1621 CIC); diese Fristen abzuwarten würde dem Anliegen einer Beschleunigung des Eheprozesses widersprechen.

[7] Die Verkündigung nur des Urteilstenors hat zur Folge, daß diese Frist nicht zu laufen beginnt (vgl. c. 1614 CIC).

[8] Vorausgesetzt ist natürlich, daß die berufende Partei ihre Berufung auch verfolgt hat, indem sie den Richter der höheren Instanz unter An-

einzusetzen, anderenfalls die Entscheidung dieser Instanz ungültig wäre (vgl. c. 1622 n. 1 CIC); das gilt auch dann, wenn in der ersten Instanz ein Einzelrichter (ggf. mit zwei Beisitzern) gemäß c. 1673 § 4 CIC entschieden hat (vgl. cc. 1441, 1673 § 5 CIC).

Eine Ausnahme, die auf den ersten Blick dem Text von c. 1673 § 5 CIC *(„semper")* zu widersprechen scheint, liegt bei der Berufung im Dokumentenverfahren nach c. 1690 CIC vor.[9]

Zugleich ist der Ehebandverteidiger zu benennen. Die Parteien, d. h. die Privatparteien und der Ehebandverteidiger sowie ggf. der Kirchenanwalt, sind aufzufordern, ihre Anmerkungen zum Verfahren dem Berufungsgericht innerhalb einer gerichtlich festzulegenden Frist zu übermitteln. Es ist von der Sache her notwendig, daß alle Akten den Mitgliedern des Kollegialgerichtes zugeleitet werden, wie Art. 265 § 3 DC ausdrücklich geregelt hat.

Wenn der Termin für die Vorlage von Anmerkungen der Parteien verstrichen ist, hat das Richterkollegium per Dekret zu entscheiden, ob das erstinstanzliche Urteil sofort bestätigt wird, falls nämlich die Berufung offensichtlich nur der Verfahrensverschleppung dienen soll; anderenfalls ist ein ordentliches Ehenichtigkeitsverfahren in zweiter Instanz durchzuführen (c. 1680 § 2 CIC; so auch Art. 265 § 1 DC), und zwar in sinngemäßer Anwendung der Vorgangsweise, die in der ersten Instanz gewählt worden war (c. 1680 § 3 CIC).[10]

Wenn in der Berufungsinstanz ein neuer Ehenichtigkeitsgrund vorgebracht wird, kann ihn das Gericht als erstinstanzlich *(„tamquam prima instantia")* zulassen und darüber entscheiden (c. 1680 § 4 CIC). Hierfür kommt nur ein ordentlicher Prozeß in Frage.

3. Vollstreckbarkeit

Unmittelbar nachdem das Urteil vollstreckbar geworden ist, haben die Parteien das Recht zu einer neuen Eheschließung, sofern kein Eheverbot vorliegt, das dem Urteil beigefügt oder vom Orts-

---

gabe der Berufungsgründe und unter Zusendung eines Exemplars des Urteils um Hilfe anruft; vgl. c. 1634 § 1 CIC.

[9] Siehe hierzu oben, S. 33.

[10] Vgl. auch *Sussidio applicativo* 29.

ordinarius erlassen worden ist (vgl. c. 1682 § 1 CIC). Das vollstreckbar gewordene Urteil und ein eventuell bestehendes Eheverbot[11] muß nach c. 1682 § 2 CIC dem Ordinarius jenes Ortes mitgeteilt werden, an dem die für nichtig erklärte Ehe geschlossen worden ist. Dieser muß dafür sorgen, daß die Entscheidung im Ehe- und (vor allem) im Taufbuch eingetragen wird. In diesen Eintragungen besteht die V o l l s t r e c k u n g d e s U r t e i l s. Erst danach darf im Normalfall eine neue Eheschließung stattfinden.

Für die Vorbereitung der Eheschließung sind die Vorschriften der cc. 1066–1071 CIC einzuhalten,[12] so daß nach Eintragung der Nichtigkeit der Ehe im Taufbuch von der Taufpfarrei ein aktueller Taufschein mit Eintragung des Urteils und des eventuellen Eheverbotes ausgestellt wird und die Ehevorbereitung wie gewohnt stattfinden kann. Dennoch gewährt c. 1682 § 1 CIC (vgl. Art. 301 § 1 DC) das Recht zu einer neuen Eheschließung, unmittelbar nachdem das Urteil vollstreckbar geworden ist; hiervon könnte also noch vor Eintragung des Urteils in die Kirchenbücher Gebrauch gemacht werden, wenn es sonst zu allzu langen Verzögerungen käme. Eine solche Vorgehensweise erscheint jedoch bedenklich angesichts der Regelung des c. 1654 § 2 CIC, wonach der Ordinarius, dem die Vollstreckung obliegt, diese verweigern und die Sache an das Urteilsgericht zurückgeben kann, wenn er erfährt, daß die Entscheidung nichtig ist (vgl. auch Art. 300 § 2 DC). Diese Möglichkeit würde durch eine umgehende Wiederverheiratung der Parteien umgangen, was gegebenenfalls zu einer ungültigen zweiten Eheschließung führen würde.

---

[11] C. 1682 § 2 CIC spricht unzutreffend von den „D e k r e t e n bezüglich der Ungültigkeit der Ehe und bezüglich eventuell erlassener Verbote". Richtig hätte hier vom U r t e i l bezüglich der Ungültigkeit der Ehe und dem eventuellen D e k r e t bezüglich eines Eheverbots die Rede sein müssen.

[12] Hierauf weist Art. 303 § 1 DC eigens hin.

4. Wiederaufnahme des Verfahrens[13]

Auch wenn das Urteil in einer Ehesache vollstreckbar geworden ist, besteht die Möglichkeit der Wiedervorlage der Sache beim Gericht der nächsthöheren Instanz,[14] sofern neue und schwerwiegende Beweise oder Begründungen innerhalb einer Nutzfrist von 30 Tagen vorgelegt werden (c. 1681 i. V. m. c. 1644 CIC). Diese Möglichkeit zieht ggf. die Konsequenz nach sich, daß eine nach dem vollstreckbaren, nun aber als ungerecht erkannten Urteil möglicherweise eingegangene Ehe ungültig ist. Sie ist aber Konsequenz daraus, daß Urteile in Personenstandssachen nie in Rechtskraft erwachsen (vgl. c. 1643 CIC).

In einem „*Recriptum ex audientia SS.mi* über das neue Gesetz zum Eheprozeß" vom 7. Dezember 2015[15] hat Papst Franziskus ausdrücklich entschieden, daß bei der Römischen Rota der Rekurs zur Wiederaufnahme des Verfahrens nicht angenommen werden wird, „nachdem eine der beiden Parteien eine neue kanonische Ehe geschlossen hat, wenn die Ungerechtigkeit der Entscheidung nicht offensichtlich feststeht".[16] Durch diese Entscheidung wird die vorherige Entscheidung Papst Benedikts XVI. vom 11. Februar 2013 wesentlich modifiziert, die die Wiederaufnahme des Verfahrens bei der Rota nach der erneuten Eheschließung einer Partei (nach affirmativem Urteil) ohne Ausnahme unmöglich gemacht hatte.[17] Nach der seit dem 7. Dezember 2015 geltenden Rechts-

---

[13] Vgl. zum Ganzen auch AYMANS – MÖRSDORF – MÜLLER, *KanR* IV, § 224: C.

[14] Wenn in c. 1681 CIC vom „*tribunal tertii gradus*" gesprochen wird, liegt sicher ein Redaktionsfehler vor; es wurde übersehen, daß schon das erstinstanzliche Urteil vollstreckbar wird, wenn die Fristen für die Einlegung und ggf. Verfolgung der Berufung ungenutzt verstrichen sind. Richtig hätte hier vom „*tribunal superior*" die Rede sein müssen.

[15] Abgedruckt im *Sussidio applicativo* 49 f.

[16] Ebd. Nr. II, 3.

[17] Rescriptum ex audientia SS.mi vom 11. Februar 2013, Prot.N. 208.966, abgedruckt in: JOAQUÍN LLOBELL, *Novità procedurali riguardanti la Rota Romana. Le facoltà speciali,* in: Stato, Chiese e pluralismo confessionale Rivista telematica (www.statoechiese.it), n. 32/2013, 21 ottobre 2013, hier: 33: „*II. Dinanzi alla Rota Romana non è possibile pro-*

lage wird bei der Römischen Rota – nur auf diese bezieht sich die
Entscheidung des Papstes – eine Wiederaufnahme des Verfahrens
sehr erschwert, aber nicht ganz unmöglich gemacht. Wenn aber
die „Ungerechtigkeit" des Urteils offensichtlich ist, muß sogar in
Kauf genommen werden, daß die später vielleicht sogar im guten
Glauben eingegangene andere Ehe als ungültig erkannt werden
muß. Dies ist eine Folge des Vorrangs der Wahrheit vor der
Rechtssicherheit in kirchlichen Personenstandssachen.

---

*porre ricorso per la N.C.P. [nova causae propositio], dopo che una del-
le parti ha contratto un nuovo matrimonio canonico. "*

Zusammenfassung

Zusammenfassend stellen sich mehrere Fragen:

1. Welche Änderungen wurden durch das Motu Proprio „*Mitis Iudex Dominus Iesus*" vom 15. August 2015 eingeführt?
2. Brachte „*Mitis Iudex Dominus Iesus*" wirklich eine Reform oder nur eine Gesetzesänderung?
3. Was bleibt jetzt zu tun?

1. Der wesentliche Gehalt der Novellierung von 2015

Mit dem Motu Proprio von 2015 wurden sehr verschiedene und sehr unterschiedlich bedeutsame Änderungen in das Eheprozeßrecht eingeführt.

Zu den wichtigeren Gesetzesänderungen gehört sicher die Einführung des K u r z v e r f a h r e n s , in welchem der Bischof persönlich das Urteil zu fällen hat (vgl. cc. 1683–1687 CIC). Schon die Bezeichnung dieses Verfahrens macht den wichtigsten Grund deutlich, der hierzu geführt hat: Die Nichtigerklärung der Ehe soll schneller vonstatten gehen. Dadurch, daß der Bischof persönlich die Entscheidung trifft, während das Verfahren weiterhin vom Gerichtsvikar geleitet wird, soll andererseits dafür gesorgt werden, daß es nur zu einer Beschleunigung, nicht aber auch zu einer Inflation von Nichtigerklärungen von Ehen kommt. Der Bischof gilt als der Garant der sachgerechten, mit der Lehre der Kirche übereinstimmenden Entscheidung. Hinter dieser Kompetenzzuweisung an den Bischof steht sicher auch eine gewisse Skepsis der Römischen Rota gegenüber den Urteilen mancher kirchlicher Gerichte.[1]

Der Diözesanbischof hat eine Fülle von Aufgaben. Die richterliche Dimension seines Amtes stand dabei bislang keineswegs im Vordergrund, und selbst ein Bischof, der von seiner Ausbildung

---

[1] Vgl. die kritischen Bemerkungen von Frans Daneels, *Das Wesen des Ehenichtigkeitsverfahrens*, in: DPM 14 (2007) 205 – 215, hier: 209, die er allerdings ausdrücklich nicht auf die deutschsprachigen Gerichte bezogen wissen will; vgl. ebd., Anm. 7.

her Kanonist ist, hat nicht unbedingt die Erfahrungen, Kenntnisse und Befähigungen, die für das Richteramt erforderlich sind. Daher drängt sich die Frage auf, ob der Verzicht auf die fachliche Kompetenz bei der Urteilsfällung das richtige Zeichen war.

Der Diözesanbischof ist der Gerichtsherr.[2] Diese Aufgabe sollte er persönlich wahrnehmen und nicht – wie dies z. B. bei der Zulassung von Anwälten am Diözesangericht immer wieder geschieht[3] – dem Gerichtsvikar überlassen. Schon die Erteilung eines generellen Spezialmandats für alle im Bereich der Verwaltung dem Bischof persönlich zugewiesenen Kompetenzen an den Generalvikar ist problematisch, weil sie die Regelung des c. 134 § 3 CIC konterkariert. Für die Aufgaben des Diözesanbischofs im Bereich der kirchlichen Gerichtsbarkeit ist ein Spezialmandat – vielleicht ja auch mit gutem Grund – jedoch überhaupt nicht vorgesehen. Wenn der Bischof die Aufgaben des Gerichtsherrn persönlich erfüllt und den Kontakt mit dem Diözesangericht pflegt, kann er seine richterliche Funktion am ehesten wahrnehmen; die Urteilsfällung durch den Diözesanbischof persönlich kann nur in einem Ausnahmefall angebracht sein. Wenn im übrigen nur solche Fälle dem Kurzverfahren zugewiesen werden können, in denen die Ungültigkeit der Ehe offenkundig ist, ist bei der Entscheidung durch den Bischof gegenüber dem ordentlichen Prozeß im Diözesangericht kaum ein Zeitgewinn zu erwarten.

Eine zweite in der Praxis beachtenswertere Gesetzesänderung ist die A b s c h a f f u n g   d e r   v e r p f l i c h t e n d e n   B e s t ä t i g u n g   d e s   U r t e i l s   d u r c h   e i n e   z w e i t e   I n s t a n z (vgl. c. 1679 i. d. F. 2015 mit c. 1682 § 1 i. d. F. 1983). Auch diese Änderung soll der Beschleunigung der Entscheidung dienen und kann das auch. Schnelligkeit und Qualität widersprechen sich aber oft. Papst Benedikt XIV. hat im Jahr 1741 die verpflichtende Berufung des Ehebandverteidigers an die zweite Instanz ja gerade

---

[2] Bei einem interdiözesanen Gericht ist einer der beteiligten Bischöfe der Gerichtsherr.

[3] Vgl. hierzu LUDGER MÜLLER, *Der Anwalt im kanonischen Prozeß zwischen Einzelinteresse der Partei und öffentlichem Interesse der Kirche,* in: In mandatis meditari. FS Hans Paarhammer zum 65. Geburtstag, hrsg. von Stephan Haering, Johann Hirnsperger, Gerlinde Katzinger, Wilhelm Rees, Berlin 2012 (KStuT 58), 657–670, hier: 662 f.

deswegen vorgeschrieben, damit Ehen nicht leichtfertig für ungültig erklärt werden. Diese Gefahr muß im Auge behalten werden. Dem gewissenhaften Richterkollegium kann es oft eine Hilfe sein zu wissen, daß die von ihm getroffene Entscheidung von einem weiteren Kollegium noch einmal überprüft wird; immerhin geht es um die Gültigkeit des Sakramentes! Und ein gut begründetes Urteil nach einem gründlich durchgeführten Verfahren kann innerhalb kurzer Zeit per Dekret bestätigt werden.[4]

Eine gewisse Beweiserleichterung bringt die H ö h e r b e - w e r t u n g d e r P a r t e i e r k l ä r u n g e n (c. 1678 § 1 CIC) und des E i n z e u g e n b e w e i s e s (c. 1678 § 2 CIC); beide genannten Paragraphen des c. 1678 lassen aber nicht mehr als eine Akzentverschiebung in dieser Hinsicht erkennen. Eine starre Anwendung der „Zwei-Zeugen-Regel" war schon nach geltendem Recht nicht angebracht. Diesbezüglich stand wohl nicht so sehr die rechtliche Lage nach c. 1573 CIC im Wege als vielmehr die *„praxis curiae"*, d. h. die Gewohnheiten der kirchlichen Gerichte.

Der erleichterten Zugänglichkeit der kirchlichen Gerichtsbarkeit dient sodann die Änderung der Z u s t ä n d i g k e i t s r e g e - l u n g e n für kirchliche Gerichte in c. 1672 CIC. Diese Neuordnung kann begrüßt werden; so war die Regelung des c. 1673 n. 3 CIC i. d. F. 1983 nicht recht verständlich, warum der Wohnsitz des Klägers nur dann die Zuständigkeit eines Gerichts begründen kann, wenn beide Privatparteien im Gebiet derselben Bischofskonferenz wohnen. Und die Einholung der Zustimmung des für den Wohnsitz der nichtklagenden Partei zuständigen Gerichtsvikars nach Anhörung dieser Partei, wie sie bislang für die außerordentlichen Zuständigkeitsgründe „Wohnsitz des Klägers" und „Ort, an dem die meisten Beweise zu erheben sind," notwendig war (vgl. c. 1673 nn. 3 und 4 CIC i. d. F. 1983) bedeutete jedenfalls eine u. U. erhebliche Verzögerung.

Das von Papst Franziskus formulierte Prinzip der Nähe zwischen Partei und Richter[5] sollte jedoch v. a. für die nichtklagende

---

[4] Jedes einzelne negative Urteil der zweiten Instanz nach affirmativem Urteil in der ersten Instanz ist ein Zeichen dafür, daß die verpflichtende zweitinstanzliche Bestätigung des Urteils bislang ihren Beitrag zur Qualitätssicherung in der kirchlichen Gerichtsbarkeit leistet.

[5] Siehe hierzu oben, S. 17.

Partei gelten, der die Mitwirkung am Prozeß eher erleichtert werden muß als dem Kläger bzw. der Klägerin, weil die letztgenannte Partei ein Interesse am Verfahren haben muß. Die nichtklagende Partei dagegen, die ja nicht unbedingt am Verfahren interessiert sein muß, sollte möglichst am Verfahren beteiligt werden, weil sie – neben dem Kläger – Kenntnisse von der betreffenden Ehe hat wie kein anderer.

Vor allem in Teilkirchen, in denen es theologisch und kanonistisch gebildete Laien gibt, die von der Kirche angestellt werden können, spielt die Erweiterung der bereits bislang möglichen B e - t e i l i g u n g   v o n   L a i e n   a n   d e r   T ä t i g k e i t   d e s   D i - ö z e s a n g e r i c h t s   eine Rolle. Im Unterschied zu der seit dem Motu Proprio *„Causas matrimoniales"* Papst Pauls VI. bestehenden Möglichkeit, daß ein Laie in einem Richterkollegium von drei Richtern neben zwei Klerikern mitwirken kann,[6] sind in Ehesachen nunmehr Richterkollegien mit zwei Laien und einem Kleriker möglich (c. 1673 § 3 CIC). Die theologischen Argumente gegen diese Regelung wurden nicht zur Kenntnis genommen, behalten aber ihre Gültigkeit. Die bereits nach den Regelungen des CIC im Ausnahmefall gegebene Möglichkeit des Vorsitzes im Richterkollegium durch einen Diakon[7] besteht weiterhin; der Vorsitz durch einen Laien, der nach c. 1426 § 2 CIC möglich schien, ist durch c. 1673 § 3 CIC jedoch ausdrücklich ausgeschlossen.

Andere Gesetzesänderungen sind von geringerer Bedeutung. So schreibt c. 1678 § 3 CIC die G u t a c h t e r p f l i c h t   auch in Fällen von c. 1095 n. 3 CIC vor, was eine sinnvolle Klärung gegenüber der bislang geltenden Gesetzeslage darstellt. Einen geringen Beitrag zur Beschleunigung des Verfahrens stellt die Abschaffung des bislang in der Regel vorgesehenen förmlichen V e r - s ö h n u n g s v e r s u c h s   (c. 1676 CIC i. d. F. 1983) vor; c. 1675 CIC i. d. F. 2015 verlangt nur noch, daß der Richter vor der Annahme der Klageschrift sich vergewissern muß, daß die Ehe tatsächlich gescheitert ist. Davon kann sicher ausgegangen werden, wenn die betreffende Ehe bereits zivil geschieden worden

---

[6] Siehe hierzu oben, S. 20; vgl. auch c. 1421 § 2 CIC.

[7] C. 1426 § 2 CIC verlangt den Vorsitz durch den Gerichtsvikar oder den beigeordneten Gerichtsvikar lediglich „nach Möglichkeit", was auch den Vorsitz durch einen anderen Diözesanrichter ermöglicht.

ist. Die Abschaffung der Möglichkeit einer S i t z u n g z u r
S t r e i t f e s t l e g u n g (c. 1677 § 2 i. d. F. 1983) stellt ebenso
wie der Entfall eines D e k r e t s z u r E r ö f f n u n g d e r B e -
w e i s p h a s e (c. 1677 § 4 CIC i. d. F. 1983) einen gewissen,
wenn auch nur geringen Beitrag zur schnelleren Entscheidungsfindung dar.

2. „*Mitis Iudex Dominus Iesus*" – *wirklich eine Reform?*

Wenn unter „Reform" eine geplante Verbesserung der sozialen –
im vorliegenden Fall: juristischen – Verhältnisse unter Orientie-
rung an den verbindlichen sachlichen Vorgaben, im kirchlichen
Bereich: an den Vorgaben des Glaubens zu verstehen ist,[8] muß
das Urteil über die „Reform" des kirchlichen Ehenichtigkeitsprozesses durch das Motu Proprio „*Mitis Iudex Dominus Iesus*" dif-
ferenziert ausfallen:
Die meisten Gesetzesänderungen haben das Ziel einer B e -
s c h l e u n i g u n g d e r E h e n i c h t i g k e i t s v e r f a h r e n.
Dieses Ziel ist grundsätzlich positiv zu werten, denn jede unnötige Verzögerung einer Entscheidung – gleich, ob affirmativ oder
negativ – stellt eine Ungerechtigkeit dar; sie nimmt den Parteien
unnötig lange die Gewißheit über ihre Situation und ggf. auch die
Möglichkeit, ihre Rechte wahrzunehmen, indem sie eine andere
Lebensentscheidung treffen. Eine allfällige Evaluation der Ehenichtigkeitsprozesse im Blick auf zeitfordernde Elemente hätte
aber – zumindest im Blick auf die Gerichte im deutschen Sprach-
raum – wahrscheinlich gezeigt, daß Verfahren mit dem Klagegrund eines Urteilsunvermögens oder einer Eheführungsunfähig-
keit nach c. 1095 nn. 2 und 3 CIC wegen des damit verbundenen

---

[8] Im urspünglichen, in der Antike verbreiteten Sinn meint „reforma-
re" „die Notwendigkeit einer Veränderung gegenwärtiger verderbter Zustände in Richtung auf Wiederherstellung früherer Zustände"; C[LEMENS]
ZIMMERMANN, *Reform,* in: Historisches Wörterbuch der Philosophie,
hrsg. von Joachim Ritter † und Karlfried Gründer, Bd. 8, Darmstadt
1992, 409–416, hier: 409. Das schlichte Verständnis von „Reform" als
„Veränderung" wird dem Begriff nicht gerecht, wie sich schon aus seiner Etymologie ergibt.

Gutachtens die meiste Zeit kosten.[9] Zugleich nehmen Klagen mit diesen Klagegründen immer mehr zu. Bezüglich dieser Verfahren kann die Gesetzesänderung von 2015 das Ziel einer Beschleunigung nur teilweise, nämlich v. a. durch den Wegfall der zweitinstanzlichen Bestätigung erreichen. Gerade dieser Teil der Reform aber ist kritisch zu sehen, diente doch die zweitinstanzliche Überprüfung des Urteils der Qualität der kirchlichen Rechtsprechung.

Auch die Möglichkeit des K u r z v e r f a h r e n s mit Urteil durch den Bischof steht unter der Zielsetzung der Beschleunigung des Verfahrens; doch kommt dieses Verfahren nur in wenigen Ausnahmefällen in Betracht und setzt voraus, daß entweder der Diözesanbischof selbst oder zumindest seine Berater – der Untersuchungsrichter und der Beisitzer – über die notwendigen Kompetenzen verfügen, anderenfalls wieder die Gefahr besteht, daß die Qualität der Entscheidung nicht gewährleistet werden kann.

Die Möglichkeit der B e t e i l i g u n g v o n z w e i statt bislang einem L a i e n an der Entscheidungsfindung im Kollegialgericht kann wohl nur für jene Teilkirchen eine Beschleunigung des Verfahrens bewirken, die sich aufgrund hinreichender materieller Mittel die Anstellung von qualifizierten Laien leisten können. Zugleich ist diese Regelung ebensowenig wie die bisherige diesbezügliche Rechtslage – wenn nicht noch weniger – mit der Lehre des Zweiten Vatikanischen Konzils über den Zusammenhang von Leitungsgewalt in der Kirche und Weihegewalt zu vereinbaren. Wenn die Bildung eines Kollegialgerichts von drei Klerikern nicht möglich sein sollte, ist die Beauftragung eines Klerikers als Einzelrichter – ggf. unter Heranziehung von zwei Beisitzern – aus theologischen Gründen auf jeden Fall zu bevorzugen (c. 1673 § 4 CIC).[10]

---

[9] Insofern ist die ausführliche Nennung der Gutachterpflicht auch in Verfahren nach c. 1095 n. 3 CIC gerade nicht zur Beschleunigung des Verfahrens geeignet – aber dennoch sehr sinnvoll.

[10] So schon WINFRIED AYMANS bei seiner Antrittsvorlesung an der Universität Bonn am 11. Juni 1975: *Laien als kirchliche Richter? Erwägungen über die Vollmacht zu geistlicher Rechtsprechung,* in: AfkKR 144 (1975) 3–20, abgedruckt in: ders., Beiträge zum Verfassungsrecht der Kirche, Amsterdam 1991 (KStT 39) 181–198.

Dieser Teil der Neugestaltung des Eheprozeßrechtes durch Papst Franziskus stellt nicht wirklich eine Reform dar, weil zwingende theologische Argumente, die schon seit Jahrzehnten vorgebracht worden sind, vernachlässigt worden sind. Hier besteht weiterhin ein Reformbedarf.

Die anderen Gesetzesänderungen tragen z. T. nur minimal zur Beschleunigung und Verbesserung der kirchlichen Rechtsprechung bei. Sie bieten Vereinfachungen, wie z. B. die neuen Regelungen für die Zuständigkeit der Diözesangerichte und der Verzicht auf das Dekret zur Einleitung der Beweiserhebung, oder setzen andere Akzente wie die Regelungen zu Parteiaussagen, Einzeugenbeweis und Glaubwürdigkeitszeugen. Sofern strikt darauf geachtet wird, daß der Richter am Ende des Verfahrens aufgrund des gesamten Beweisergebnisses zur moralischen Gewißheit über die Ungültigkeit der betreffenden Ehe gelangen muß, wenn er ein affirmatives Urteil fällt, können diese Normen als Elemente einer m o d e r a t e n R e f o r m gewertet werden.

Papst Franziskus wollte mit seiner Reform des Ehenichtigkeitsverfahrens einen Beitrag leisten, der es Christen in schwierigen familiären Verhältnissen erleichtern könnte, im Frieden mit der Kirche zu leben. Natürlich besteht der Sinn solcher Verfahren auch darin, in solchen Situationen zu helfen. Aber es hat keinen Sinn, so zu tun, als könnte die Kirche mit dem Mittel der Nichtigerklärung der Ehe in einer Vielzahl gescheiterter Ehen helfen. Nicht viele, sondern nur wenige Ehen sind tatsächlich ungültig. Die gelegentlich gehörte gegenteilige Behauptung entbehrt jeder Nachweisbarkeit, und die gerichtliche Praxis zeigt, daß zwar manche Ehe unbedacht eingegangen wird, aber bei weitem nicht jede Ehe ungültig ist. So bliebt die Frage, ob die Reform des Ehenichtigkeitsverfahrens mit dem Ziel seiner Beschleunigung wirklich ein geeignetes Mittel darstellt, Christen zu helfen, die mit einer gescheiterten Ehe umgehen müssen. Wirklich helfen zu können scheint eher eine Verbesserung der Ehevorbereitung und der Ehepastoral, wie sie im Umfeld der Synode verschiedentlich vorgeschlagen wurde.[11]

---

[11]Vgl. z. B. *11 Kardinäle zu Ehe und Familie. Essays aus pastoraler Sicht,* hrsg. von Winfried Aymans, Freiburg – Basel – Wien 2015.

3. Was bleibt zu tun?

Eine Novellierung des kirchlichen Gesetzes bringt neue Aufgaben mit sich. Diese betreffen teils den Gesetzgeber selbst, teils Instanzen der kirchlichen Verwaltung, teils aber auch die vom Gesetz Betroffenen – im Blick auf die Novellierung des Ehenichtigkeitsprozeßrechtes v. a. die kirchlichen Gerichte.

> „Die Gesetze der kirchlichen Lebensordnung pflegt die Katholische Kirche im Lauf der Zeit abzuändern und zu erneuern, damit diese, unter steter Wahrung der Treue gegenüber dem göttlichen Stifter, der ihr anvertrauten Heilssendung in geeigneter Weise entsprechen."

Mit diesem Satz hat Papst Johannes Paul II. die Apostolische Konstitution zur Promulgation des Codex Iuris Canonici vom 25. Januar 1983 begonnen und das Wesen einer Reform kirchlichen Rechts umschrieben.[12] Dieser Satz gilt selbstverständlich auch nach der Promulgation des CIC von 1983 weiter und wurde mit dem Akt der Erneuerung des Eheprozeßrechts durch Papst Franziskus praktisch bestätigt. Dieser Satz gilt aber auch nach 2015 weiter.

Der Gesetzgeber hat daher zunächst die Aufgabe der Ü b e r - p r ü f u n g   s e i n e r   e i g e n e n   G e s e t z g e b u n g s t ä t i g - k e i t . Was die Novellierung des Ehenichtigkeitsprozeßrechtes von 2015 angeht, muß in erster Linie die nunmehr sogar erweiterte Möglichkeit der Mitwirkung von Laien im kirchlichen Kollegialgericht zurückgenommen werden, die mit theologischen Vorgaben im Widerspruch steht. Zu überprüfen sind sodann die Auswirkungen einzelner Gesetzesänderungen auf die Qualität der kirchlichen Rechtsprechung und auf ihre Praktikabilität: Welche Folgen hat der Verzicht auf die verpflichtende Überprüfung des erstinstanzlichen Urteils durch ein Gericht der zweiten Instanz? Ist es überall in derselben Weise sinnvoll oder gar möglich, Ehenichtigkeitssachen in einem Kurzverfahren zu behandeln, in welchem der Bischof die Entscheidung trifft? Eine gewisse Anzahl

---

[12] AAS 75 (1983) Pars II, VII.

von reformbedürftigen Formulierungen der novellierten Canones wurde im Vorangehenden bereits angesprochen.[13]

Der gesamtkirchliche Gesetzgeber wäre in diesem Zusammenhang – wie auch sonst – gut beraten, wenn er den Rat der dafür vorgesehenen Instanzen in Anspruch nähme; eine dauerhafte Reform bedarf zu ihrer Vorbereitung eines gewissen Zeitaufwands. Dafür, daß die nächsten Reformschritte nicht zuviel Zeit in Anspruch nehmen werden, wird Papst Franziskus schon sorgen.

Von der kirchlichen Verwaltung, konkret vom Päpstlichen Rat für Gesetzestexte, ist sehr bald eine N e u f a s s u n g   d e r   E h e p r o z e ß o r d n u n g   in der Gestalt einer Instruktion zu wünschen. Die Instruktion *„Dignitas connubii"* ist in der vorliegenden Fassung jedenfalls nicht mehr brauchbar.

Von den kirchlichen Gerichten ist hinsichtlich verbindlicher Regelungen eine e x a k t e   A n w e n d u n g   d e r   j e t z t   g e l t e n d e n   R e c h t s l a g e   zu fordern. Das gilt auch dann, wenn Zweifel bezüglich der Sinnhaftigkeit dieser Regelungen bestehen sollten. Die Berufung auf das Herkommen („Das haben wir schon immer so gemacht") kann gerade in Bezug auf prozessuales Vorgehen nicht gelten.

Eine andere Frage ist, ob jede Möglichkeit, die von *„Mitis Iudex Dominus Iesus"* geboten wird, auch verwirklicht werden sollte. Im Blick auf die Tätigkeit von Laien als kirchliche Richter beispielsweise ist dies zu verneinen.

Klaus Lüdicke hat vorgeschlagen, den Anzug des Ehenichtigkeitsverfahrens in die Änderungsschneiderei zu tragen.[14] Die vom Gesetzgeber selbst vorgenommene Änderung scheint diesen „Anzug" nicht wirklich passend gemacht zu haben. Der im Vorwort dieses Buches zitierte Jurist Julius von Kirchmann hat das Verhältnis zwischen Gesetzgeber und Rechtswissenschaft ebenfalls

---

[13] Genannt seien beispielsweise nur die rechtssprachlichen Probleme wie die Verwendung des Wortes *„instructor"* statt *„auditor"* oder die Rede von der *„defensio"* und der *„confessio"* der Privatparteien, an deren Stelle das Wort *„declaratio"* angebracht wäre usw.

[14] Siehe oben, S. 7.

mit dem Bild der Kleidung zu erfassen versucht: „Das positive
Gesetz gleicht einem eigensinnigen Schneider, der nur 3 Maße für
all seine Kunden hat; die Wissenschaft ist die gutmütige Meiste-
rin, sie sieht, wo das Kleid drückt, verunstaltet, allein der Respekt vor dem Hausherrn läßt sie nur verstohlen hie und da die
Naht ein wenig öffnen, einen Zwickel einschieben."[15]
Im Unterschied zu dieser Meinung ist jedoch zu sagen: Gerade
der Respekt vor dem Hausherrn, also dem Gesetzgeber, macht es
erforderlich, auf Fehler des Kleidungsstückes hinzuweisen. Aufgabe der Kirchenrechtswissenschaft ist u. a. die kritische Begleitung des kirchlichen Rechtslebens – auch der kirchlichen Gesetzgebung.[16] Hierbei bedarf es auf beiden Seiten einer gewissen Offenheit: auf seiten des Gesetzgebers der Offenheit, fachlich fun-
dierten Rat der Kanonisten und auch anderer Fachleute zu hören
und ernsthaft zu erwägen, auf seiten des kanonistischen, aber
auch jedes anderen Ratgebers jedoch der Einsicht, daß er nur ra-
ten und nicht entscheiden kann, daß nicht der Rechtswissenschaft-
ler, sondern der Gesetzgeber die Verantwortung für die Ausge-
staltung der Rechtsordnung trägt. Nur in der Weise dieser beider-
seitigen Offenheit können Gesetzgeber und Kanonisten ihren
Dienst für die Kirche leisten.

---

[15] Julius von Kirchmann, *Die Wertlosigkeit der Jurisprudenz als Wissenschaft. Ein Vortrag gehalten in der Juristischen Gesellschaft zu Berlin 1848,* Berlin 1848, 31 (Nachdruck: Darmstadt 1973 [Sonderausgabe
2012], [Libelli XXXIV], 32).

[16] Vgl. hierzu Klaus Mörsdorf, *Lb*[11] I, 37: „Dabei hat der Kanonist
kritisch zu Werke zu gehen, indem er etwaige Fehlentwicklungen als
solche aufdeckt und Anregungen zu Neugestaltungen gibt." Vgl. auch
Georg May – Anna Egler, *Einführung in die kirchenrechtliche Methode,*
Regensburg 1986, 31 f.; Ludger Müller, *Codex und Konzil. Die Lehre
des Zweiten Vatikanischen Konzils als Kontext zur Interpretation kir-
chenrechtlicher Normen,* in: AfkKR 169 (2000) 469–491, hier: 489 f.

LITERATURVERZEICHNIS

1. Quellen[1]

PAPST BENEDIKT XV., *Codex Iuris Canonici,* in: AAS 9 (1917), Pars II; Korrekturen ebd. Appendix I.

PAPST PAUL VI., *Motu proprio „Causas matrimoniales"* vom 28. März 1971, in: AAS 63 (1971) 441–446.

PAPST JOHANNES PAUL II., *Codex Iuris Canonici,* in: AAS 75 (1983), Pars II; Korrekturen: AAS 75 (1983) Pars I, 1140; Pars II, 321–324 und AAS 80 (1988) 1819; Lateinisch-deutsche Ausgabe: Codex Iuris Canonici. Codex des kanonischen Rechtes mit Sachverzeichnis, Kevelaer [7]2012.

PONTIFICIUM CONSILIUM DE LEGUM TEXTIBUS, *Dignitas Connubii. Instructio servanda a tribunalibus dioecesanis et interdioecesanis in pertractandis causis nullitatis matrimonii* / PÄPSTLICHER RAT FÜR DIE GESETZESTEXTE, *Dignitas Connubii. Instruktion, die von den diözesanen und interdiözesanen Gerichten bei Ehenichtigkeitsverfahren zu beachten ist,* Città del Vaticano 2005.

PAPST FRANZISKUS, *Apostolisches Schreiben Motu Proprio „Mitis et misericors Iesus"* vom 15. August 2015, in: AAS 107 (2015) 946–957.

PAPST FRANZISKUS, *Apostolisches Schreiben Motu Proprio „Mitis Iudex Dominus Iesus"* vom 15. August 2015, in: AAS 107 (2015) 958–970.

TRIBUNALE APOSTOLICO DELLA ROTA ROMANA, *Sussidio applicativo del Motu pr. Mitis Iudex Dominus Iesus,* Città del Vaticano 2016.

2. Literatur[2]

WINFRIED AYMANS – KLAUS MÖRSDORF, *Kanonisches Recht. Lehrbuch aufgrund des Codex iuris canonici, Band I: Einleitende Grundfragen und Allgemeine Normen,* Paderborn – München – Wien – Zürich [13]1991 [KanR I].

WINFRIED AYMANS – KLAUS MÖRSDORF, *Kanonisches Recht. Lehrbuch aufgrund des Codex iuris canonici, Band III: Verkündigungsdienst und Heiligungsdienst,* Paderborn – München – Wien – Zürich 2007 [KanR III].

---

[1] In chronologischer Reihenfolge.

[2] In alphabetischer Reihenfolge.

WINFRIED AYMANS – KLAUS MÖRSDORF – LUDGER MÜLLER unter Mitarbeit von CHRISTOPH OHLY, *Kanonisches Recht. Lehrbuch aufgrund des Codex Iuris Canonici, Band IV: Vermögensrecht, Sanktionsrecht und Prozeßrecht,* Paderborn – München – Wien – Zürich 2013 [KanR IV].

OTTAVIO DE BERTOLIS, *Papa Francesco riforma il processo canonico matrimoniale,* in: La Civiltà cattolica 166 (2015) 59–68.

BERND DENNEMARCK, *Der Diözesanbischof als „milder Richter"? Anmerkungen zum Motu Proprio Mitis Iudex Dominus Iesus,* in: Ius canonicum in communione christifidelium. FS zum 65. Geburtstag von Heribert Hallermann, hrsg. von Markus Graulich, Thomas Meckel, Matthias Pulte, Paderborn 2016 (KStKR 23), 273–285.

JAVIER FERRER ORTIZ, *Valoración de las circunstancias que pueden dar lugar al proceso abreviado,* in: Ius Canonicum, Vol. 56, No. 111 (2016) 157–192.

JUAN JOSÉ GARCÍA FAÍLDE, *Tratado de Derecho Procesal Canónico. Comentario al Código de Derecho Canónico vigente y a la Instrucción „Dignitas connubii" del 25 de enero de 2005 del Pontificio Consejo para los textos legislativos,* Salamanca 2005.

Geschieden? Wiederverheiratet? Mit der Kirche? Eine Handreichung, hrsg. vom Bischöflichen Offizialat Münster, Freiburg i. Brsg. 2012, 33–44.

Il Giudizio di nullità matrimoniale dopo l'istruzione „Dignitas Connubii", Parte Prima: I principi, hrsg. von Piero Antonio Bonnet – Carlo Gullo, Città del Vaticano 2007; *Parte Seconda: La parte statica del processo,* Città del Vaticano 2007; *Parte Terza: La parte dinamica del processo,* Città del Vaticano 2008.

CARLOS GULLO – ALESSIA GULLO, *Prassi processuale nelle cause canoniche di nullità del matrimonio,* Città del Vaticano ²2005.

In der Wahrheit Christi bleiben. Ehe und Kommunion in der katholischen Kirche, hrsg. von Robert Dodaro, Würzburg 2014.

ELISABETH KANDLER-MAYR, *Rechtsschutz im Ehenichtigkeitsverfahren,* in: Rechtsschutz in der Kirche, hrsg. von Ludger Müller, Münster 2011, 127–143 (Kirchenrechtliche Bibliothek 15).

VITUS KAPFELSPERGER, *Eheverfahren und Eheprozesse in Staat und Kirche. Eine rechtsvergleichende Betrachtung,* Frankfurt am Main u. a. 2015 (AIC 52).

KLAUS LÜDICKE, *„Dignitas Connubii." Die Eheprozeßordnung der katholischen Kirche. Text und Kommentar,* Essen 2005.

KLAUS MÖRSDORF, *Lehrbuch des Kirchenrechts auf Grund des Codex iuris canonici, Band I: Einleitung, Allgemeiner Teil und Personenrecht,* München – Paderborn – Wien ¹¹1964 [Lb¹¹ I].

KLAUS MÖRSDORF, *Lehrbuch des Kirchenrechts auf Grund des Codex iuris canonici, Band III: Prozeß- und Strafrecht,* Paderborn – München – Wien – Zürich ¹¹1979 [Lb¹¹ III].

Carlos Manuel Morán Bustos, *Retos de la reforma procesal de la nulidad del matrimonio,* in: Ius Canonicum, Vol. 56, No. 111 (2016) 9–40.

Pedro Antonio Moreno García, *El servicio de indagación prejudicial. Aspectos jurídico-pastorales,* in: Ius Canonicum, Vol. 56, No. 111 (2016) 65–85.

Münsterischer Kommentar zum Codex Iuris Canonici unter besonderer Berücksichtigung der Rechtslage in Deutschland, Österreich und der Schweiz, hrsg. von Klaus Lüdicke, Loseblattsammlung, Essen 1984 ff., Stand der 51. Ergänzungslieferung vom November 2015 [MünstKomm]

Gerardo Núñez González, *El proceso brevior. Exigencias y estructura,* in: Ius Canonicum, Vol. 56, No. 111 (2016) 135–155.

Carmen Peña García, *Matrimonio y causas de nulidad en el Derecho de la Iglesia,* Madrid 2014.

Dies., *Agilización de los procesos canónicos de nulidad matrimonial. De las propuestas presinodales al motu proprio Mitis Iudex Dominus Iesus y retos pendientes tras la reforma,* in: Ius Canonicum, Vol. 56, No. 111 (2016) 41–64.

Rafael Rodríguez-Ocaña, *Mitis Iudex. Fuero competente y sistema de apelaciones,* in: Ius Canonicum, Vol. 56, No. 111 (2016) 105–134.

Julián Ros Córcoles, *El vicario judicial y el instructor en los procesos de nulidad matrimonial tras el motu proprio Mitis Iudex,* in: Ius Canonicum, Vol. 56, No. 111 (2016) 87–103.

Karl-Heinz Selge, *Sich der Wahrheit über sich selbst und über die eigene menschliche und christliche Berufung zur Ehe stellen. Kanonische Eheverfahren und ihr Wert für die Ehevorbereitung – Überlegungen im Anschluss an die Ansprache von Papst Benedikt XVI. an die Römische Rota vom 22. Januar 2011,* in: In mandatis meditari. FS Hans Paarhammer zum 65. Geburtstag, hrsg. von Stephan Haering, Johann Hirnsperger, Gerlinde Katzinger, Wilhelm Rees, Berlin 2012, 759–780 (KStuT 58).

Studies on the Instruction Dignitas Connubii, hrsg. von Patricia M. Dugan – Luis Navarro, Montréal 2006.

Andreas Weiss – Stefan Ihli – Engelbert Frank, *Ius processuale matrimoniale. Synopsis normarum Ecclesiae Catholicae,* Norderstedt 2010.

ANHANG
CANN. 1671–1691 CIC[*]

CIC i. d. F. von 1983	CIC i. d. F. von 2015	
	Originaltext	Übersetzung
Art. 1 – De foro competenti	*Art. 1 – De foro competenti et de tribunalibus*	*Art. 1 – Zuständigkeit und Gerichte*
Can. 1671 – Causae matrimoniales baptizatorum iure proprio ad iudicem ecclesiasticum spectant.	Can. 1671 § 1 – Causae matrimoniales baptizatorum iure proprio ad iudicem ecclesiasticum spectant.	Can. 1671 § 1 – Die Ehesachen von Getauften sind kraft eigenen Rechts Sache des kirchlichen Richters.
Can. 1672 – Causae de effectibus matrimonii mere civilibus pertinent ad civilem magistratum, nisi ius particulare statuat easdem causas, si incidenter et accessorie agantur, posse a iudice ecclesiastico cognosci ac definiri.	Can. 1671 § 2 – Causae de effectibus matrimonii mere civilibus pertinent ad civilem magistratum, nisi ius particulare statuat easdem causas, si incidenter et accessorie agantur, posse a iudice ecclesiastico cognosci ac definiri.	Can. 1671 § 2 – Fragen hinsichtlich der rein weltlichen Wirkungen der Ehe gehören in die Zuständigkeit der weltlichen Behörde, wenn nicht das Partikularrecht festsetzt, daß diese Sachen, falls sie im Zwischenstreit und neben der Hauptklage zu klären sind, vom kirchlichen Richter untersucht und entschieden werden können.
Can. 1673 – In causis de matrimonii nullitate, quae non sint Sedi Apostolicae reservatae, competentia sunt: 1° tribunal loci in quo matrimonium celebratum est;	Can. 1672 – In causis de matrimonii nullitate, quae non sint Sedi Apostolicae reservatae, competentia sunt: 1° tribunal loci in quo matrimonium celebratum est;	Can. 1672 – In Ehenichtigkeitssachen, die nicht dem Apostolischen Stuhl reserviert sind, sind zuständig: 1. das Gericht des Ortes, an dem die Ehe geschlossen wurde;

[*] Für den lateinischen Text des CIC in der Fassung von 1983 und von 2015 © Libreria Editrice Vaticana, Città del Vaticano.

CIC i. d. F. von 1983	CIC i. d. F. von 2015	
	Originaltext	**Übersetzung**
2° tribunal loci in quo pars conventa domicilium vel quasi-domicilium habet;	2° tribunal loci in quo alterutra vel utraque pars domicilium vel quasi-domicilium habet;	2. das Gericht des Ortes, an dem beide Parteien oder eine der beiden Parteien Wohnsitz oder Quasiwohnsitz hat;
3° tribunal loci in quo pars actrix domicilium habet, dummodo utraque pars in territorio eiusdem Episcoporum conferentiae degat et Vicarius iudicialis domicilii partis conventae, ipsa audita, consentiat;		
4° tribunal loci in quo de facto colligendae sunt pleraeque probationes, dummodo accedat consensus Vicarii iudicialis domicilii partis conventae, qui prius ipsam interroget, num quid excipiendum habeat.	3° tribunal loci in quo de facto colligendae sunt pleraeque probationes.	3. das Gericht des Ortes, an dem tatsächlich die meisten Beweise zu erheben sind.
--- (vgl. c. 1419 § 1)	Can. 1673 § 1 – In unaquaque dioecesi iudex primae instantiae pro causis nullitatis matrimonii iure expresse non exceptis est Episcopus dioecesanus, qui iudicialem potestatem exercere potest per se ipse vel per alios, ad normam iuris.	Can. 1673 § 1 – In jeder Diözese ist Richter erster Instanz für Ehenichtigkeitssachen, die im Recht nicht ausdrücklich ausgenommen sind, der Diözesanbischof, der die richterliche Gewalt persönlich oder durch andere ausüben kann nach der Norm des Rechts.

CIC i. d. F. von 1983	CIC i. d. F. von 2015	
	Originaltext	**Übersetzung**
---- (vgl. cc. 1420, 1421, 1423)	Can. 1673 § 2 – Episcopus pro sua dioecesi tribunal dioecesanum constituat pro causis nullitatis matrimonii, salva facultate ipsius Episcopi accedendi ad aliud dioecesanum vel interdioecesanum vicinius tribunal.	Can. 1673 § 2 – Der Bischof muß für seine Diözese ein Diözesangericht für Ehenichtigkeitssachen einrichten, unbeschadet der Möglichkeit des Bischofs selbst, ein anderes diözesanes oder interdiözesanes Gericht anzugehen.
---- (vgl. cc. 1421 §§ 1–2, 1425 § 1 n. 1, 1426 § 2)	Can. 1673 § 3 – Causae de matrimonii nullitate collegio trium iudicum reservantur. Eidem praeesse debet iudex clericus, reliqui iudices etiam laici esse possunt.	Can. 1673 § 3 – Ehenichtigkeitssachen sind einem Kollegium von drei Richtern vorbehalten. Ihm muß ein Klerikerrichter vorstehen, die übrigen Richter können auch Laien sein.
---- (vgl. cc. 1425 § 4, 1424)	Can. 1673 § 4 – Episcopus Moderator, si tribunal collegiale constitui nequeat in dioecesi vel in viciniore tribunali ad normam § 2 electo, causas unico iudici clerico committat qui, ubi fieri possit, duos assessores probatae vitae, peritos in scientiis iuridicis vel humanis, ab Episcopo ad hoc munus approbatos, sibi asciscat; eidem iudici unico, nisi aliud constet, ea competunt quae collegio, praesidi vel	Can. 1673 § 4 – Der Bischof, der Gerichtsherr ist, soll, wenn ein Kollegialgericht in seiner Diözese oder in dem nach § 2 ausgewählten benachbarten Gericht nicht eingerichtet werden kann, die Sachen einem Kleriker als Einzelrichter übertragen, der, wo es geschehen kann, zwei Beisitzer von bewährter Lebensführung, in Rechts- oder Humanwissenschaften erfahren und vom Bischof für dieses Amt appro-

CIC i. d. F. von 1983	CIC i. d. F. von 2015	
	Originaltext	**Übersetzung**
	ponenti tribuuntur.	biert, heranziehen soll; diesem Einzelrichter kommt das zu, was dem Kollegium, dem Vorsitzenden oder dem Berichterstatter zugewiesen ist.
--- (vgl. c. 1441)	Can. 1673 § 5 – Tribunal secundae instantiae ad validitatem semper collegiale esse debet, iuxta praescriptum praecedentis § 3.	Can. 1673 § 5 – Das Gericht der zweiten Instanz muß zur Gültigkeit immer ein Kollegialgericht sein, entsprechend der Vorschrift des vorstehenden § 3.
--- (vgl. c. 1438 n. 1)	Can. 1673 § 6 – A tribunali primae instantiae appellatur ad tribunal metropolitanum secundae instantiae, salvis praescriptis cann. 1438–1439 et 1444.	Can. 1673 § 6 – Vom Gericht der ersten Instanz wird an das Metropolitangericht der zweiten Instanz Berufung eingelegt, unbeschadet der Vorschriften der cc. 1438–1439 und 1444.
Art. 2 – De iure impugnandi matrimonium	*Art. 2 – De iure impugnandi matrimonium*	*Art. 2 – Klagerecht in Ehesachen*
Can. 1674 – Habiles sunt ad matrimonium impugnandum: 1° coniuges; 2° promotor iustitiae, cum nullitas iam divulgata est, si matrimonium convalidari nequeat aut non expediat.	Can. 1674 § 1 – Habiles sunt ad matrimonium impugnandum: 1° coniuges; 2° promotor iustitiae, cum nullitas iam divulgata est, si matrimonium convalidari nequeat aut non expediat.	Can. 1674 § 1 – Gegen die Gültigkeit der Ehe können klagen: 1. die Eheleute; 2. der Kirchenanwalt, sofern die Ungültigkeit bereits bekannt ist und wenn die Ehe nicht gültig gemacht werden kann oder dies nicht angemessen ist.

CIC i. d. F. von 1983	CIC i. d. F. von 2015	
	Originaltext	**Übersetzung**
Can. 1675 § 1 – Matrimonium quod, utroque coniuge vivente, non fuit accusatum, post mortem alterutrius vel utriusque coniugis accusari non potest, nisi quaestio de validitate sit praeiudicialis ad aliam solvendam controversiam sive in foro canonico sive in foro civili.	Can. 1674 § 2 – Matrimonium quod, utroque coniuge vivente, non fuit accusatum, post mortem alterutrius vel utriusque coniugis accusari non potest, nisi quaestio de validitate sit praeiudicialis ad aliam solvendam controversiam sive in foro canonico sive in foro civili.	Can. 1674 § 2 – Eine Ehe, die zu Lebzeiten beider Eheleute nicht angefochten wurde, kann nach dem Tod eines oder beider Eheleute nicht angefochten werden, wenn nicht die Frage ihrer Gültigkeit zuvor entschieden werden muß, um eine andere Streitfrage zu lösen, sei es vor dem kirchlichen, sei es vor dem weltlichen Forum.
Can. 1675 § 2 – Si autem coniux moriatur pendente causa, servetur can. 1518.	Can. 1674 § 3 – Si autem coniux moriatur pendente causa, servetur can. 1518.	Can. 1674 § 3 – Wenn aber ein Partner während des anhängigen Verfahrens stirbt, muß can. 1518 gewahrt werden.
Art. 3 – De officio iudicum	*Art. 3 – De causae introductione et instructione*	*Art. 3 – Einführung der Sache und Beweiserhebung*
Can. 1676 – Iudex, antequam causam acceptet et quotiescumque spem boni exitus perspicit, pastoralia media adhibeat, ut coniuges, si fieri potest, ad matrimonium forte convalidandum et ad coniugalem convictum restaurandum inducantur.	Can. 1675 – Iudex, antequam causam acceptet, certior fieri debet matrimonium irreparabiliter pessum ivisse, ita ut coniugalis convictus restitui nequeat.	Can. 1675 – Bevor der Richter die Sache annimmt, muß er sicher sein, daß die Ehe unheilbar zerstört ist, so daß die eheliche Lebensgemeinschaft nicht wiederhergestellt werden kann.
Can. 1677 § 1 – Libel-	Can. 1676 § 1 – Re-	Can. 1676 § 1 – Wenn

CIC i. d. F. von 1983	CIC i. d. F. von 2015	
	Originaltext	**Übersetzung**
lo acceptato, praeses vel ponens procedat ad notificationem decreti citationis ad normam can. 1508.	cepto libello, Vicarius iudicialis si aestimet eum aliquo fundamento niti, eum admittat et, decreto ad calcem ipsius libelli apposito, praecipiat ut exemplar notificetur defensori vinculi et, nisi libellus ab utraque parte subscriptus fuerit, parti conventae, eidem dato termino quindecim dierum ad suam mentem de petitione aperiendam.	der Gerichtsvikar nach Erhalt der Klageschrift zur Einschätzung gelangt, daß sie sich auf irgendeine Grundlage stützt, muß er sie zulassen und in einem am Ende der Klageschrift selbst hinzugefügten Dekret anordnen, daß sie dem Bandverteidiger und, wenn die Klageschrift nicht von beiden Parteien unterschrieben wurde, der nichtklagenden Partei bekanntgegeben wird, indem er eine Frist von 14 Tagen zur Meinungsäußerung einräumt.
Can. 1677 § 2 – Transacto termino quindecim dierum a notificatione, praeses vel ponens, nisi alterutra pars sessionem ad litem contestandam petierit, intra decem dies formulam dubii vel dubiorum decreto suo statuat ex officio et partibus notificet.	Can. 1676 § 2 – Praefato termino transacto, altera parte, si et quatenus, iterum monita ad suam mentem ostendendam, audito vinculi defensore, Vicarius iudicialis suo decreto dubii formulam determinet et decernat utrum causa processu ordinario an processu breviore ad mentem cann. 1683–1687 pertractanda sit. Quod decretum partibus et vinculi defensori statim notificetur.	Can. 1676 § 2 – Wenn die vorgenannte Frist verstrichen ist und die andere Partei gegebenenfalls nochmals erinnert wurde, ihre Meinung kundzutun, muß der Gerichtsvikar nach Anhörung des Bandverteidigers die Streitfrage mit Dekret festlegen und entscheiden, ob die Sache im ordentlichen Prozeß oder im abgekürzten Prozeß nach den cann. 1683–1687 zu behandeln ist. Dieses Dekret muß den Par-

CIC i. d. F. von 1983	CIC i. d. F. von 2015	
	Originaltext	**Übersetzung**
		teien und dem Bandverteidiger sofort mitgeteilt werden.
----	Can. 1676 § 3 – Si causa ordinario processu tractanda est, Vicarius iudicialis, eodem decreto, constitutionem iudicum collegii vel iudicis unici cum duobus assessoribus iuxta can. 1673, § 4 disponat.	Can. 1676 § 3 – Wenn die Sache im ordentlichen Prozeß zu behandeln ist, muß der Gerichtsvikar in demselben Dekret die Benennung des Richterkollegiums oder des Einzelrichters mit zwei Beisitzern nach can. 1673 § 4 vornehmen.
----	Can. 1676 § 4 – Si autem processus brevior statutus est, Vicarius iudicialis agat ad normam can. 1685.	Can. 1676 § 4 – Wenn aber der abgekürzte Prozeß festgesetzt worden ist, muß der Gerichtsvikar nach can. 1685 vorgehen.
Can. 1677 § 3 – Formula dubii non tantum quaerat an constet de nullitate matrimonii in casu, sed determinare etiam debet quo capite vel quibus capitibus nuptiarum validitas impugnetur.	Can. 1676 § 5 – Formula dubii determinare debet quo capite vel quibus capitibus nuptiarum validitas impugnetur.	Can. 1676 § 5 – Die Streitfrage muß festlegen, aus welchem Klagegrund bzw. aus welchen Klagegründen die Gültigkeit der Ehe bestritten wird.
Can. 1677 § 4 – Post decem dies a notificatione decreti, si partes nihil opposuerint, praeses vel ponens novo decreto causae instructionem disponat.	----	----

CIC i. d. F. von 1983	CIC i. d. F. von 2015	
	Originaltext	**Übersetzung**
Art. 4 – De probationibus	---	---
Can. 1678 § 1 – Defensori vinculi, partium patronis et, si in iudicio sit, etiam promotori iustitiae ius est: 1° examini partium, testium et peritorum adesse, salvo praescripto can. 1559; 2° acta iudicialia, etsi nondum publicata, invisere et documenta a partibus producta recognoscere.	Can. 1677 § 1 – Defensori vinculi, partium patronis et, si in iudicio sit, etiam promotori iustitiae ius est: 1° examini partium, testium et peritorum adesse, salvo praescripto can. 1559; 2° acta iudicialia, etsi nondum publicata, invisere et documenta a partibus producta recognoscere.	Can. 1677 § 1 – Der Bandverteidiger, der Parteienbeistand und, wenn er im Verfahren beteiligt ist, der Kirchenanwalt haben das Recht: 1. bei der Vernehmung der Parteien, der Zeugen und der Sachverständigen anwensend zu sein, unbeschadet der Vorschrift des can. 1559; 2. Gerichtsakten, auch wenn sie noch nicht offengelegt sind, einzusehen und von den Parteien vorgelegte Urkunden zu prüfen.
Can. 1678 § 2 – Examini, de quo in § 1, n. 1, partes assistere nequeunt.	Can. 1677 § 2 – Examini, de quo in § 1, n. 1, partes assistere nequeunt.	Can. 1677 § 2 – Der Vernehmung, die in § 1 n. 1 genannt wurde, dürfen die Parteien nicht beiwohnen.
Can. 1679 – Nisi probationes aliunde plenae habeantur, iudex, ad partium depositiones ad normam can. 1536 aestimandas, testes de ipsarum partium credibilitate, si fieri potest, adhibeat, praeter alia indicia et adminicula. (vgl. auch c. 1536 § 2)	Can. 1678 § 1 – In causis de matrimonii nullitate, confessio iudicialis et partium declarationes, testibus forte de ipsarum partium credibilitate sustentae, vim plenae probationis habere possunt, a iudice aestimandam perpensis omnibus indiciis et ad-	Can. 1678 § 1 – In Ehenichtigkeitssachen können das gerichtliche Geständnis und die Erklärungen der Parteien, vielleicht durch Zeugen über die Glaubwürdigkeit der Parteien selbst gestützt, die Kraft des vollen Beweises haben, die vom Richter

CIC i. d. F. von 1983	CIC i. d. F. von 2015	
	Originaltext	**Übersetzung**
	miniculis, nisi alia accedant elementa quae eas infirment.	unter Berücksichtigung aller Indizien und Beweisstützen zu würdigen ist, wenn nicht andere Elemente hinzutreten, die diese entkräften.
--- (vgl. c. 1573)	Can. 1678 § 2 – In iisdem causis, depositio unius testis plenam fidem facere potest, si agatur de teste qualificato qui deponat de rebus ex officio gestis, aut rerum et personarum adiuncta id suadeant.	Can. 1678 § 2 – In denselben Fällen kann die Aussage eines einzigen Zeugen vollen Beweis schaffen, wenn es sich um einen qualifizierten Zeugen handelt, der über amtliche Handlungen berichtet, oder die sachlichen oder persönlichen Umstände es nahelegen.
Can. 1680 – In causis de impotentia vel de consensus defectu propter mentis morbum iudex unius periti vel plurium opera utatur, nisi ex adiunctis inutilis evidenter appareat; in ceteris causis servetur praescriptum can. 1574.	Can. 1678 § 3 – In causis de impotentia vel de consensus defectu propter mentis morbum vel anomaliam naturae psychicae iudex unius periti vel plurium opera utatur, nisi ex adiunctis inutilis evidenter appareat; in ceteris causis servetur praescriptum can. 1574.	Can. 1678 § 3 – In Fällen von Impotenz oder von Ehewillensmangel aufgrund einer Geisteskrankheit oder einer Anomalie psychischer Natur muß sich der Richter der Hilfe eines oder mehrerer Gutachter bedienen, wenn es nicht aus den Umständen heraus offensichtlich als nutzlos erscheint; in anderen Fällen muß die Vorschrift des can. 1574 gewahrt werden.
Art. 5 – De sententia et appellatione	---	---

CIC i. d. F. von 1983	CIC i. d. F. von 2015	
	Originaltext	**Übersetzung**
Can. 1681 – Quoties in instructione causae dubium valde probabile emerserit de non secuta matrimonii consummatione, tribunal potest, suspensa de consensu partium causa nullitatis, instructionem complere pro dispensatione super rato, ac tandem acta transmittere ad Sedem Apostolicam una cum petitione dispensationis ab alterutro vel utroque coniuge et cum voto tribunalis et Episcopi.	Can. 1678 § 4 – Quoties in instructione causae dubium valde probabile emerserit de non secuta matrimonii consummatione, tribunal potest, auditis partibus, causam nullitatis suspendere, instructionem complere pro dispensatione super rato, ac tandem acta transmittere ad Sedem Apostolicam una cum petitione dispensationis ab alterutro vel utroque coniuge et cum voto tribunalis et Episcopi.	Can. 1678 § 4 – Wenn während der Beweiserhebung der wohlbegründete Zweifel bezüglich des Nichtvollzugs der Ehe aufkommt, kann das Gericht nach Anhörung der Parteien das Nichtigkeitsverfahren aussetzen, die Beweiserhebung für die Dispens von der nichtvollzogenen Ehe ergänzen und anschließend die Akten dem Apostolischen Stuhl übersenden, zusammen mit dem Bittgesuch einer Partei oder beider Parteien um Dispens und mit dem Votum des Gerichts und des Bischofs.
---	*Art. 4 – De sententia, de eiusdem impugnationibus et exsecutione*	*Art. 4 – Das Urteil, seine Anfechtung und Vollstreckung*
Can. 1682 § 1 – Sententia, quae matrimonii nullitatem primum declaraverit, una cum appellationibus, si quae sint, et ceteris iudicii actis, intra viginti dies a sententiae publicatione ad tribunal appellationis ex officio transmittatur.	Can. 1679 – Sententia, quae matrimonii nullitatem primum declaravit, elapsis terminis a cann. 1630–1633 ordinatis, fit exsecutiva.	Can. 1679 – Das Urteil, das die Ungültigkeit der Ehe erstmals festgestellt hat, wird nach Ablauf der von den cann. 1630–1633 angeordneten Fristen vollstreckbar.

CIC i. d. F. von 1983	CIC i. d. F. von 2015	
	Originaltext	**Übersetzung**
--- (vgl. cc. 1626 § 1, 1628)	Can. 1680 § 1 – Integrum manet parti, quae se gravatam putet, itemque promotori iustitiae et defensori vinculi querelam nullitatis sententiae vel appellationem contra eandem sententiam interponere ad mentem cann. 1619–1640.	Can. 1680 § 1 – Es bleibt der Partei, die sich beschwert fühlt, und ebenso dem Kirchenanwalt und dem Bandverteidiger unbenommen, Beschwerde der Nichtigkeit des Urteils oder Berufung gegen dieses Urteil im Sinne der cann. 1619–1640 einzulegen.
Can. 1682 § 2 – Si sententia pro matrimonii nullitate prolata sit in primo iudicii gradu, tribunal appellationis, perpensis animadversionibus defensoris vinculi et, si quae sint, etiam partium, suo decreto vel decisionem continenter confirmet vel ad ordinarium examen novi gradus causam admittat.	---	---
---	Can. 1680 § 2 – Terminis iure statutis ad appellationem eiusque prosecutionem elapsis atque actis iudicialibus a tribunali superioris instantiae receptis, constituatur collegium iudicum, designetur vinculi defensor et partes moneantur ut animadversiones, intra terminum praestitu-	Can. 1680 § 2 – Nachdem die Fristen für die Einlegung und Verfolgung der Berufung verstrichen sind und die Gerichtsakten vom Gericht der höheren Instanz entgegengenommen worden sind, müssen das Richterkollegium eingerichtet, der Bandverteidiger benannt und die

CIC i. d. F. von 1983	CIC i. d. F. von 2015	
	Originaltext	**Übersetzung**
	tum, proponant; quo termino transacto, si appellatio mere dilatoria evidenter appareat, tribunal collegiale, suo decreto, sententiam prioris instantiae confirmet.	Parteien aufgefordert werden, innerhalb einer festgesetzten Frist ihre Anmerkungen vorzulegen; nachdem diese Frist abgelaufen ist, muß das Kollegialgericht das Urteil der früheren Instanz mit Dekret bestätigen, wenn die Berufung offensichtlich als rein verzögernd erscheint.
--- (vgl. c. 1640)	Can. 1680 § 3 – Si appellatio admissa est, eodem modo quo in prima instantia, congrua congruis referendo, procedendum est.	Can. 1680 § 3 – Wenn die Berufung zugelassen wurde, ist in sinngemäßer Anwendung in derselben Weise wie in der ersten Instanz vorzugehen.
Can. 1683 – Si in gradu appellationis novum nullitatis matrimonii caput afferatur, tribunal potest, tamquam in prima instantia, illud admittere et de eo iudicare.	Can. 1680 § 4 – Si in gradu appellationis novum nullitatis matrimonii caput afferatur, tribunal potest, tamquam in prima instantia, illud admittere et de eo iudicare.	Can. 1680 § 4 – Wenn in der Berufungsinstanz ein neuer Ehenichtigkeitsgrund angeführt wird, kann das Gericht, gleichsam wie in erster Instanz, diesen zulassen und über ihn entscheiden.
--- (vgl. c. 1644 § 1)	Can. 1681 – Si sententia exsecutiva prolata sit, potest quovis tempore ad tribunal tertii gradus pro nova causae propositione ad normam can. 1644 provocari, novis iisque gravibus probationibus vel argumentis intra	Can. 1681 – Wenn ein vollstreckbares Urteil vorliegt, kann zu jeder Zeit das Gericht dritter Instanz zur Wiederaufnahme des Verfahrens nach der Norm des can. 1644 angerufen werden, wobei neue und

CIC i. d. F. von 1983	CIC i. d. F. von 2015	
	Originaltext	**Übersetzung**
	peremptorium terminum triginta dierum a proposita impugnatione allatis.	schwerer wiegende Beweismittel oder Argumente innerhalb einer Ausschlussfrist von 30 Tagen nach erfolgter Anfechtung beizubringen sind.
Can. 1684 § 1 – Postquam sententia, quae matrimonii nullitatem primum declaravit, in gradu appellationis confirmata est vel decreto vel altera sententia, ii, quorum matrimonium declaratum est nullum, possunt novas nuptias contrahere statim ac decretum vel altera sententia ipsis notificata est, nisi vetito ipsi sententiae aut decreto apposito vel ab Ordinario loci statuto id prohibeatur.	Can. 1682 § 1 – Postquam sententia, quae matrimonii nullitatem declaraverit, facta est exsecutiva, partes quarum matrimonium declaratum est nullum, possunt novas nuptias contrahere, nisi vetito ipsi sententiae apposito vel ab Ordinario loci statuto id prohibeatur.	Can. 1682 § 1 – Nachdem das Urteil, das die Ungültigkeit der Ehe erklärt hat, vollstreckbar geworden ist, können die Parteien, deren Ehe für ungültig erklärt worden ist, eine neue Ehe schließen, wenn das nicht durch ein dem Urteil beigefügtes oder vom Ortsordinarius erlassenes Verbot untersagt wird.
Can. 1684 § 2 – Praescripta can. 1644 servanda sunt, etiam si sententia, quae matrimonii nullitatem declaraverit, non altera sententia sed decreto confirmata sit.	---	---
Can. 1685 – Statim ac sententia facta est exsecutiva, Vicarius iudicialis debet eandem notificare Ordinario	Can. 1682 § 2 – Statim ac sententia facta est exsecutiva, Vicarius iudicialis debet eandem notificare Ordina-	Can. 1682 § 2 – Sofort, wenn das Urteil vollstreckbar geworden ist, muß der Gerichtsvikar es dem

CIC i. d. F. von 1983	CIC i. d. F. von 2015	
	Originaltext	**Übersetzung**
loci in quo matrimonium celebratum est. Is autem curare debet ut quam primum de decreta nullitate matrimonii et de vetite statutis in matrimoniorum et baptizatorum libris mentio fiat.	rio loci in quo matrimonium celebratum est. Is autem curare debet ut quam primum de decreta nullitate matrimonii et de vetitis forte statutis in matrimoniorum et baptizatorum libris mentio fiat.	Ortsordinarius jenes Ortes mitteilen, wo die Eheschließung gefeiert worden ist. Dieser aber muß dafür sorgen, daß sobald wie möglich die Dekrete bezüglich der Ungültigkeit der Ehe und bezüglich eventuell erlassener Verbote im Ehe- und im Taufbuch vermerkt werden.
---	*Art. 5 – De processu matrimoniali breviore coram Episcopo*	*Art. 5 – Der abgekürzte Prozeß vor dem Bischof*
---	Can. 1683 – Ipsi Episcopo dioecesano competit iudicare causas de matrimonii nullitate processu breviore quoties: 1° petitio ab utroque coniuge vel ab alterutro, altero consentiente, proponatur; 2° recurrant rerum personarumque adiuncta, testimoniis vel instrumentis suffulta, quae accuratiorem disquisitionem aut investigationem non exigant, et nullitatem manifestam reddant.	Can. 1683 – Dem Diözesanbischof selbst kommt es zu, Ehenichtigkeitssachen im abgekürzten Prozeß zu entscheiden, sooft: 1. die Klage von beiden Partnern oder von einem der beiden unter Zustimmung des anderen vorgelegt wird; 2. sachliche und persönliche Umstände zusammenkommen, die von Zeugenaussagen oder Beweismitteln gestützt werden, welche eine genauere Untersuchung oder Nachforschung nicht erfordern und die Ungültigkeit offenkundig machen.

CIC i. d. F. von 1983	CIC i. d. F. von 2015	
	Originaltext	**Übersetzung**
----	Can. 1684 – Libellus quo processus brevior introducitur, praeter ea quae in can. 1504 recensentur, debet: 1° facta quibus petitio innititur breviter, integre et perspicue exponere; 2° probationes, quae statim a iudice colligi possint, indicare; 3° documenta quibus petitio innititur in adnexo exhibere.	Can. 1684 – Die Klageschrift, mit der ein abgekürzter Prozeß eingeführt wird, muß außer dem, was in can. 1504 aufgezählt wird: 1. die Tatsachen, auf die sich die Klage stützt, kurz, vollständig und deutlich darlegen; 2. die Beweise angeben, die sogleich vom Richter gesammelt werden können; 3. die Urkunden, auf die sich die Klage stützt, im Anhang vorlegen.
----	Can. 1685 – Vicarius iudicialis, eodem decreto quo dubii formulam determinat, instructore et assessore nominatis, ad sessionem non ultra triginta dies iuxta can. 1686 celebrandam omnes citet qui in ea interesse debent.	Can. 1685 – Der Gerichtsvikar muß in demselben Dekret, mit dem er die Streitformel festlegt, indem er den Untersuchungsrichter und den Beisitzer benennt, zu einer Sitzung, die nicht später als nach 30 Tagen gemäß can 1686 stattzufinden hat, alle laden, die an ihr teilnehmen müssen.
----	Can. 1686 – Instructor una sessione, quatenus fieri possit, probationes colligat et terminum quindecim die-	Can. 1686 – Der Untersuchungsrichter soll in einer Sitzung, sofern die geschehen kann, die Beweise

CIC i. d. F. von 1983	CIC i. d. F. von 2015	
	Originaltext	**Übersetzung**
	rum statuat ad animadversiones pro vinculo et defensiones pro partibus, si quae habeantur, exhibendas.	sammeln und muß eine Frist von 15 Tagen festlegen, um die Bemerkungen zugunsten des Ehebandes und die Verteidigungsschriften für die Parteien, wenn es solche gibt, vorzulegen.
----	Can. 1687 § 1 – Actis receptis, Episcopus dioecesanus, collatis consiliis cum instructore et assessore, perpensisque animadversionibus defensoris vinculi et, si quae habeantur, defensionibus partium, si moralem certitudinem de matrimonii nullitate adipiscitur, sententiam ferat. Secus causam ad ordinarium tramitem remittat.	Can. 1687 § 1 – Nach Erhalt der Akten muß der Bischof nach Beratung mit dem Untersuchungsrichter und dem Beisitzer und unter Berücksichtigung der Bemerkungen des Bandverteidigers und, wenn es solche gibt, der Verteidigungsschriften der Parteien, das Urteil fällen, wenn er moralische Gewißheit über die Ungültigkeit der Ehe erlangt. Anderenfall muß er die Sache auf den ordentlichen Weg zurückverweisen.
----	Can. 1687 § 2 – Integer sententiae textus, motivis expressis, quam citius partibus notificetur.	Can. 1687 § 2 – Der vollständige Urteilstext mit Angabe der Entscheidungsgründe muß sobald wie möglich den Parteien mitgeteilt werden.
----	Can. 1687 § 3 – Adversus sententiam Episcopi appellatio da-	Can. 1687 § 3 – Gegen das Urteil des Bischofs gibt es die Be-

CIC i. d. F. von 1983	CIC i. d. F. von 2015	
	Originaltext	**Übersetzung**
	tur ad Metropolitam vel ad Rotam Romanam; si autem sententia ab ipso Metropolita lata sit, appellatio datur ad antiquiorem suffraganeum; et adversus sententiam alius Episcopi qui auctoritatem superiorem infra Romanum Pontificem non habet, appellatio datur ad Episcopum ab eodem stabiliter selectum.	rufung an den Metropoliten oder an die Römische Rota; wenn aber das Urteil vom Metropoliten selbst gefällt worden ist, gibt es die Berufung an den ältesten Suffraganbischof; und gegen das Urteil eines Bischofs, der keine höhere Autorität unterhalb des Papstes hat, gibt es die Berufung an den von ihm selbst dauerhaft ausgewählten Bischof.
----	Can. 1687 § 4 – Si appellatio mere dilatoria evidenter appareat, Metropolita vel Episcopus de quo in § 3, vel Decanus Rotae Romanae, eam a limine decreto suo reiciat; si autem admissa fuerit, causa ad ordinarium tramitem in altero gradu remittatur.	Can. 1687 § 4 – Wenn die Berufung als rein verzögernd erscheint, muß sie der Metropolit oder der Bischof, der in § 3 genannt wurde, bzw. der Dekan der Römischen Rota mit Dekret sofort abweisen; wenn sie aber zugelassen wurde, muß die Sache auf den ordentlichen Weg in der zweiten Instanz verwiesen werden.
Art. 6 – De processu documentali	*Art. 6 – De processu documentali*	*Art. 6 – Dokumentenprozeß*
Can. 1686 – Recepta petitione ad normam can. 1677 proposita, Vicarius iudicialis vel iudex ab ipso designatus potest, praetermis-	Can. 1688 – Recepta petitione ad normam can. 1676 proposita, Episcopus dioecesanus vel Vicarius iudicialis vel Iudex designatus	Can. 1688 – Nach Erhalt einer Klageschrift, die nach der Norm des can. 1676 vorgelegt worden ist, kann der Diözesanbischof oder

CIC i. d. F. von 1983	CIC i. d. F. von 2015	
	Originaltext	**Übersetzung**
sis sollemnitatibus ordinarii processus sed citatis partibus et cum interventu defensoris vinculi, matrimonii nullitatem sententia declarare, si ex documento, quod nulli contradictioni vel exceptioni sit obnoxium, certo constet de exsistentia impedimenti dirimentis vel de defectu legitimae formae, dummodo pari certitudine pateat dispensationem datam non esse, aut de defectu validi mandati procuratoris.	potest, praetermissis sollemnitatibus ordinarii processus sed citatis partibus et cum interventu defensoris vinculi, matrimonii nullitatem sententia declarare, si ex documento, quod nulli contradictioni vel exceptioni sit obnoxium, certo constet de exsistentia impedimenti dirimentis vel de defectu legitimae formae, dummodo pari certitudine pateat dispensationem datam non esse, aut de defectu validi mandati procuratoris.	der Gerichtsvikar oder der dafür bestellte Richter unter Außerachtlassen der Förmlichkeiten des ordentlichen Prozesses, aber nach Ladung der Parteien und unter Mitwirkung des Bandverteidigers die Ungültigkeit der Ehe durch Urteil feststellen, wenn aus einem Dokument, das keinen Widerspruch oder keine Einrede ermöglicht, das Vorliegen eines trennenden Ehehindernisses oder der Mangel der rechtmäßigen Eheschließungsform, sofern mit derselben Sicherheit offenkundig ist, daß keine Dispens erteilt wurde, oder das Fehlen eines gültigen Stellvertretungsauftrags feststeht.
Can. 1687 § 1 – Adversus hanc declarationem defensor vinculi, si prudenter existimaverit vel vitia de quibus in can. 1686 vel dispensationis defectum non esse certa, appellare debet ad iudicem secundae instantiae, ad quem acta sunt transmittenda qui-	Can. 1689 § 1 – Adversus hanc declarationem defensor vinculi, si prudenter existimaverit vel vitia de quibus in can. 1688 vel dispensationis defectum non esse certa, appellare debet ad iudicem secundae instantiae, ad quem acta sunt transmittenda qui-	Can. 1689 § 1 – Gegen diese Erklärung muß der Bandverteidiger, wenn er vernünftigerweise zu der Einschätzung gelangt, daß entweder die Mängel, die in can. 1688 genannt wurden, oder das Fehlen einer Dispens nicht sicher feststehen, an den Richter

CIC i. d. F. von 1983	CIC i. d. F. von 2015	
	Originaltext	**Übersetzung**
que scripto monendus est agi de processu documentali.	que scripto monendus est agi de processu documentali.	der zweiten Instanz Berufung einlegen, an den die Akten zu übersenden sind und der schriftlich darauf hinzuweisen ist, daß es sich um einen Dokumentenprozeß handelt.
Can. 1687 § 2 – Integrum manet parti, quae se gravatam putet, ius appellandi.	Can. 1689 § 2 – Integrum manet parti, quae se gravatam putet, ius appellandi.	Can. 1689 § 2 – Das Berufungsrecht bleibt der Partei, die sich belastet fühlt, unbenommen.
Can. 1688 – Iudex alterius instantiae, cum interventu defensoris vinculi et auditis partibus, decernet eodem modo, de quo in can. 1686, utrum sententia sit confirmanda, an potius procedendum in causa sit iuxta ordinarium tramitem iuris; quo in casu eam remittit ad tribunal primae instantiae.	Can. 1690 – Iudex alterius instantiae, cum interventu defensoris vinculi et auditis partibus, decernet eodem modo, de quo in can. 1688, utrum sententia sit confirmanda, an potius procedendum in causa sit iuxta ordinarium tramitem iuris; quo in casu eam remittit ad tribunal primae instantiae.	Can. 1690 – Der Richter der zweiten Instanz muß unter Mitwirkung des Bandverteidigers und nach Anhörung der Parteien auf dieselbe in can. 1688 genannte Art und Weise entscheiden, ob das Urteil zu bestätigen oder in der Sache auf dem ordentlichen Rechtsweg vorzugehen ist; in diesem Fall verweist er die Sache an das Gericht der ersten Instanz.
Art. 7 – Normae generales	*Art. 7 – Normae generales*	*Art. 7 – Allgemeine Normen*
Can. 1689 – In sententia partes moneantur de obligationibus moralibus vel etiam civilibus, quibus forte te-	Can. 1691 § 1 – In sententia partes moneantur de obligationibus moralibus vel etiam civilibus, quibus	Can. 1691 § 1 – Im Urteil müssen die Parteien auf ihre moralischen oder auch weltlich-rechtlichen Ver-

CIC i. d. F. von 1983	CIC i. d. F. von 2015	
	Originaltext	**Übersetzung**
neantur, altera erga alteram et erga prolem, ad sustentationem et educationem praestandam.	forte teneantur, altera erga alteram et erga prolem, ad sustentationem et educationem praestandam.	pflichtungen hingewiesen werden, die sie möglicherweise gegeneinander und gegenüber ihren Kindern haben, Unterhalt und Erziehung zu leisten.
Can. 1690 – Causae ad matrimonii nullitatem declarandam nequeunt processu contentioso orali tractari.	Can. 1691 § 2 – Causae ad matrimonii nullitatem declarandam, processu contentioso orali, de quo in cann. 1656–1670, tractari nequeunt.	Can. 1691 § 2 – Ehenichtigkeitssachen können im mündlichen Streitprozeß, der in cann. 1656–1670 genannt ist, nicht behandelt werden.
Can. 1691 – In ceteris quae ad rationem procedendi attinent, applicandi sunt, nisi rei natura obstet, canones de iudiciis in genere et de iudicio contentioso ordinario, servatis specialibus normis circa causas de statu personarum et causas ad bonum publicum spectantes.	Can. 1691 § 3 – In ceteris quae ad rationem procedendi attinent, applicandi sunt, nisi rei natura obstet, canones de iudiciis in genere et de iudicio contentioso ordinario, servatis specialibus normis circa causas de statu personarum et causas ad bonum publicum spectantes.	Can. 1691 § 3 – In den anderen Fragen, welche die Vorgehensweise betreffen, sind, wenn nicht die Natur der Sache dagegensteht, die Canones über das Gerichtswesen im allgemeinen und über den ordentlichen Streitprozeß anzuwenden, unter Wahrung der besonderen Normen bezüglich der Personenstandssachen und der Sachen, die das öffentliche Wohl betreffen.

INDEX DER ZITIERTEN RECHTSQUELLEN

PERSONENREGISTER